DE L'ORGANISATION

GÉNÉRALE

DU TRAVAIL,

PAR

FRANCIS LACOMBE.

—◦—

Prix : 25 centimes.

—◦—

PARIS,

AU BUREAU DE NOTRE HISTOIRE,

Journal hebdomadaire paraissant tous les dimanches,

Rue des Petites-Écuries, 47.

—

1848.

DE

L'ORGANISATION GÉNÉRALE DU TRAVAIL.

AVANT PROPOS.

Les événements qui ont amené, en quelques heures, le renversement de la royauté et la proclamation de la République Française, offrent le double caractère d'une révolution politique et d'une révolution sociale.

Nous n'avons pas à nous occuper ici de la première; la seconde, qui est la plus considérable, se résume tout entière dans l'organisation du travail.

Quelques hommes graves n'ont vu, dans ce vaste problème, qu'un antagonisme formidable entre les ouvriers et les chefs d'ateliers, entre ceux qu'on appelait hier *prolétaires et bourgeois*; aujourd'hui, ce dualisme n'existe plus. La loi ne reconnaissant que des citoyens égaux et libres, il n'y a plus de prolétariat, mais bien, pour ainsi parler, une bourgeoisie universelle.

C'est donc rapetisser étrangement la question que de chercher un misérable conflit d'égoïsme, là où il y a une lutte d'humanité.

Dans tous les pays et dans toutes les époques, la société n'a vécu que par l'association légitime des travailleurs, condition suprême de l'ordre public: appartient-il à notre société contemporaine de protester par le désordre et l'anarchie, résultats de l'individualisme, contre la constitution générale de 'univers?

Voilà le problème à résoudre.

Les faits seuls expliquent les faits. l'histoire nous les fournira. Examinons quelle a été l'organisation du travail dans les diverses phases des civilisations antiques et modernes; en procédant de la sorte, nous obtiendrons, au point de vue pratique, la solution d'une question moins révolutionnaire qu'on ne le croit, et surtout plus humaine que toutes celles qui ont préoccupé notre siècle.

CHAPITRE Ier.

Constitution générale du travail dans les sociétés antiques (1).

Platon demandait, il y a vingt-deux siècles, que l'organisation du travail fût réalisée à l'aide d'associations libres; mais ce principe, généralement impraticable dans l'antiquité, ne pouvait être qu'une admirable protestation contre l'esclavage. Pour détruire ce fait universel, les peuples avaient besoin du secours de l'idée révélée

---

(1) Presque toutes les pages qui forment cette brochure, sont extraites d'un ouvrage considérable entièrement écrit en 1842, à l'abbaye du Val, chez Jules Lefevre-Deumier, le grand poète, ami d'Alexandre Soumet et de Lamartine. Cet ouvrage est intitulé: *Histoire de la Bourgeoisie*. Nous nous proposons de le pubier dès que le travail constituant de notre prochaine assemblée nationale sera terminé, car il doit servir de conclusion ou de post-face à notre livre. *(Note de l'Auteur.)*

1848

par les temps modernes. Les nations ont, en effet, vécu sous l'influence du christianisme, autrement qu'elles n'avaient vécu sous l'empire du paganisme. Principe générateur de l'esclavage, le polythéisme, n'a-t-il pas divisé les hommes à force de créer des dieux, et anéanti le type de l'unité? Nier cette proposition, c'est affirmer qu'il n'y a jamais eu d'inégalité entre les conditions humaines, non pas seulement sous le point de vue matériel, mais encore au point de vue moral ; en d'autres termes, c'est affirmer que l'organisation du travail à l'aide d'associations libres et fondées sur le principe de l'égalité humaine, a existé durant toutes les époques et, par conséquent, qu'elle a pu faire alliance avec l'esprit de tous les siècles.

Sans doute, il y a eu, durant toutes les civilisations et chez tous les peuples, comme nous le démontrerons plus bas, autant de groupes commerciaux divers qu'il y avait d'industries ; mais les artisans qui faisaient partie de ces groupes n'étaient connus dans la cité que sous le nom de *clients*, expression née de la servitude et de la déchéance humaine, tandis que les associations industrielles qui ont constitué et qui doivent constituer la bourgeoisie proprement dite, ne renfermaient et ne doivent renfermer que des artisans connus dans la cité sous le nom de *citoyens*, expression née de la liberté et de la réhabilitation universelle. L'existence de ces associations marchandes au sein de toutes les nations antiques, nous prouve seulement que la société, sous l'empire de la liberté, comme sous l'empire de l'esclavage, n'a qu'une manière d'être ou de se manifester, par elle-même.

S'il a été autrefois plusieurs époques où les hommes, quoique constitués en état de société, et, par suite, obligés de participer collectivement au travail de la civilisation, exploitée par l'égoïsme de quelques individus, n'avaient point généralement l'exercice de la liberté, ce même état de choses ne peut-il pas, ou mieux, ne doit-il pas exister encore aujourd'hui? N'y a-t-il pas parmi nous des hommes libres et des hommes esclaves, des hommes admis à recueillir tout l'héritage social, et des hommes entièrement déshérités? Oui, sans doute. Mais s'il en est ainsi, croyez-le, ce n'est pas que ce qui a vécu dans un temps et selon un principe, doive absolument revivre dans un autre temps et selon un autre principe; c'est, au contraire, parce qu'on a voulu, en pleine religion chrétienne, comme au sein des civilisations représentées par le polythéisme, expliquer la société générale au profit de l'individu ; parce que l'intérêt d'un seul n'est plus l'intérêt de tous.

Cet antagonisme fatal remonte, en quelque sorte, à l'origine des sociétés. Chacun n'obéissant qu'aux inspirations individuelles de l'égoïsme, on ne vit déjà que pour l'exploitation ; il n'y a plus dans le monde que des maîtres et des esclaves ; et de la sorte vous voyez se former successivement la famille, la cité, la patrie.

Ces trois manières différentes d'exister dans la société appartenaient exclusivement aux maîtres, qui s'identifiaient avec la terre, et adhéraient, par conséquent, à toutes ses institutions. Les esclaves, au contraire, ne tenaient à rien. Toutes les législations étaient stériles pour ces hommes qui exprimaient par leurs travaux la fécondité universelle. Pour eux, point de mariage, et, par conséquent, point de religion ; aussi les appela-t-on : *profanes*; — pour eux, point de cité, et, par conséquent, point d'existence propre; aussi étaient-ils obligés d'anéantir leur personnalité dans celle de leurs maîtres, qui devenaient leurs patrons, et les autorisaient à porter leur nom générique ; pour eux, enfin, point de patrie, et, par conséquent, point de propriété: qu'auraient-ils pu posséder, puisqu'on leur déniait toute liberté, et qu'ils ne se possédaient pas eux-mêmes? La famille, base générale de la société, donnait seule quelques droits à une tombe, et par suite, à un berceau, c'est-à-dire au mariage légal ; à des héritages, et, par suite, à des aïeux, c'est-à-dire à la tradition et à la propriété, toutes choses qui constituaient le patriciat. Un anneau rompu de cette chaîne, et l'esclavage des hommes n'existait plus; aussi les maîtres eurent-ils soin de leur interdire la connaissance des choses divines et humaines, et proclamèrent-ils dans l'Inde cette formule sociale : *Tous les hommes sont des anges qui expient sur la terre une faute commise dans le ciel. Le degré de leur misère ici-bas, est mesuré sur la grandeur de leur faute là-haut* (1).

---

(1) **Introduction a la science de l'histoire.** par Buchez, page 474.

Afin d'éviter les conséquences que le principe de l'égalité d'origine devait produire tôt ou tard, les maîtres formulèrent dans l'Inde, premier centre politique de
civilisation, une genèse absurde, mais nécessaire, pour justifier l'inégalité humaine :
ils dirent qu'il existait une race individuelle pour chaque fonction générale.

Selon eux, Brahma, créateur universel, a fait sortir tous les hommes de sa tête, de
ses bras, de son corps ou de ses pieds, selon leur destination particulière. La caste
des prêtes est sortie de sa tête; la caste des guerriers, de ses bras; la caste des *clients*,
du corps ; enfin, la classe des esclaves est sortie des pieds, pour prouver qu'elle
doit rester au-dessous de tout le monde, sans espoir de changement. A cette époque
primitive, on ne savait pas encore que la tête du corps social prend quelquefois
la place des pieds et qu'elle y reste.

Dans les villes, une lutte dut s'engager nécessairement entre les castes privilégiées et celle des artisans ; les prêtres et les guerriers possédant tout par le droit de
liberté d'où ils concluaient à l'esclavage ; les seconds ne possédant pas même leurs
bras qui appartenaient à leurs patrons, mais cherchant à former cependant une organisation industrielle, afin de constituer, en vertu de l'association, une individualité
morale capable d'agir, et, par conséquent, d'acquérir peu à peu le droit de
propriété. Groupés selon les divers ordres de travaux spéciaux et n'ayant encore aucune espèce de priviléges, ils s'efforçaient de se constituer en corporations
pour sortir du néant de la servitude et devenir quelque chose, non pas dans la
famille, non pas dans la cité, non pas dans la patrie, mais dans leur profession ; ils
ne tendaient enfin qu'à devenir membres d'une communauté quelconque, suivant
en cela une loi mystérieuse qui appelle toutes les affinités humaines à se confondre,
pour ne former qu'un seul corps.

Or, les pères et les maîtres, c'est-à-dire les prêtres et les guerriers, qui jusqu'alors
n'avaient point nié la communauté d'origine et s'étaient contentés d'enseigner seulement une différence dans le mode primitif de production, s'effrayèrent de cette tendance et changèrent le principe universel de la Genèse. Les artisans pouvaient dire
et aux guerriers : Vous êtes nés de la tête, c'est-à-dire pour dominer, — gouvernez ;
— vous êtes nés des bras, c'est-à-dire pour lutter et combattre, — possédez les
richesses, par le droit de la victoire ; mais nous qui sommes nés du corps, laissez-
nous être ce que nous sommes, le centre des forces actives d'un même être collectif,
et la représentation du corps social. Alors, tous les patriciens répondirent aux artisans et aux esclaves proprement dits : VOUS ÊTES FILS DES HOMMES, NOUS, AU
CONTRAIRE, NOUS SOMMES FILS DES DIEUX.

Il résulte de cela que, pour détruire la notion de l'unité humaine, les prêtres furent
obligés de détruire l'unité divine. Ce fut l'œuvre des Égyptiens qui abandonnèrent
le culte de Brahma et anéantirent sa genèse. D'autres peuples allèrent au-delà même
de leur système, et nous retrouvons encore les traces de leurs usurpations violentes
dans la religion et dans leur propre langue. Ce n'était point assez pour les castes
privilégiées que d'être richement vêtues, ni de manger le froment, afin de constituer
leur force morale en prouvant qu'ils *étaient nourris par les dieux*, tandis que les
artisans et les esclaves, misérablement vêtus, ne pouvaient manger que du porc, de
l'ail, des pois, des noix et de l'oignon, aliments qui ruinaient leur force physique ;
ce n'était point assez que de leur interdire toute participation à l'état religieux
comme à l'état politique ; au lieu de dire *homme*, terme universel applicable à chaque
individualité vivant dans l'une ou l'autre caste, et qui était encore l'expression de
l'unité au milieu de cette effroyable division, ce mot général, on le fit disparaître
du langage, et on le remplaça par deux autres mots particuliers : la *race*, qui désigna les castes privilégiées, et l'*étranger*, qui désigna la caste des artisans ou des
esclaves, pour montrer, sans doute, qu'ils étaient hors des lois de l'humanité.

Les révélations de la science moderne sur les luttes antiques des castes privilégiées
et des castes esclaves sont extrêmement restreintes ; mais il nous suffit de savoir
que les artisans prirent les armes, et firent plusieurs guerres à leurs patrons (1), et
que, vaincus souvent, jamais terrassés, ils combattirent toujours leurs oppresseurs

---

(1) INTRODUCTION A LA SCIENCE DE L'HISTOIRE, par Buchez.

et conquirnt ainsi peu à peu le droit de vivre dans l'humanité, c'est-à-dire d'être hommes.

Dès qu'ils eurent obtenu ce droit, les artisans affranchis ou émancipés formérent à l'égard de leurs anciens maîtres, une espèce de *clientelle*, comme cette condition s'appela plus tard à Rome où ce nom de *clients*, qu'ils y portèrent longtemps après, rappelait encore leur sujétion et l'obéissance qu'ils devaient aux prêtres et aux guerriers. Ces divers groupes industriels furent autant de centres d'activité civilisatrice. Les esclaves étaient exclus des associations, car il fallait s'appartenir soi-même avant d'appartenir aux communautés distinctes où l'on jouissait de certains droits et où l'on rendait certains devoirs aux chefs de la société politique. Ces communautés de l'antiquité, identiques aux jurandes du moyen-âge et de la civilisation moderne, s'appelaient chez les Grecs : ἑταιρεία c'est-à-dire *compagnonnage* ; et chez les Romains : *collegium* ou *corpus*, *collége* ou *corporation* ; institutions générales et universelles sans lesquelles la démocratie de l'ancien monde n'eût pu accomplir son immense destinée.

Quoique le sphinx semble vouloir garder le secret de toutes les constitutions orientales, type du gouvernement primitif qui fut imposé au genre humain, nous pouvons admettre comme suffisamment prouvée l'existence de ces corporations en Egypte, puisque nous les trouvons déjà établies à l'origine des villes ou Etats de la Judée, de la Perse, de la Phrygie, de la Grèce, de l'Italie et des Gaules, qui adoptèrent *la discipline des cités égyptiennes* (1). Cette société industrielle, fondée à côté de la société civile, fut toujours l'apanage exclusif des artisans qui conquirent, après une autre émancipation progressive, le titre de citoyens. Tous ceux qui vivaient d'un travail quotidien s'associèrent donc avec les artisans de leur condition, de leur métier et faisant usage de mêmes instruments ; chaque profession eut de la sorte son organisation propre et distincte, ses mœurs, ses usages, sa tradition, sa bannière et son type du beau, représenté par un dieu spécial, comme si l'expression du beau et tout ce qui constitue l'art, participait de la divinité ou mieux de l'infini.

Les artisans eurent, dès lors, comme leurs patrons, mais autrement qu'eux, pendant qu'ils s'assemblaient pour accomplir leur œuvre commune, la révélation intime de la forme et de l'idée, éléments essentiels du progrès social. C'est pour cela, sans doute qu'ils invoquèrent généralement Isis, la déesse voilée, symbole de la nature universelle ; qui gémissait en voyant l'oppression des hommes ; qui les protégeait au nom d'une civilisation future, et qui leur donnait à la fois le mariage et les sépultures, le blé et les lois, ouvrant ainsi les quatre grandes voies de l'émancipation, la famille et l'industrie corporative, la cité et l'Etat.

Entre la Phénicie et la Haute-Egypte, d'une part, et entre la Phénicie et la Syrie d'autre part (2), s'élevaient deux montagnes désignées par le seul nom de *Cassius*. Tous les commerçants ou trafiquants s'y réunissaient annuellement, à une époque fixe, pour célébrer la fête du grand Thot, ou Mercure, ou Hermès Trismégiste, ministre et conseiller d'Isis, qui, à ce titre, avait lui-même fixé les jours de foire, et donné son nom aux *marques*, aux *marchés*, aux *marchandises*, aux *marchands* eux-mêmes et enfin au *commerce* en général. Isis, comme nous l'avons dit, était le symbole de l'univers entant qu'infini ; Mercure, au contraire, était le symbole des chemins et des bornes : il protégeait les grands échanges de nation à nation qui se faisaient ordinairement sur leur frontière (3). On lui donnait encore une foule d'attributs au nombre desquels on distinguait un coq, emblème de vigilance ; une bourse, emblème des richesses, — espèce d'enseigne sous laquelle tous les marchands se réunissaient autrefois et se réunissent encore, car la bourse, ayant passé de l'état symbolique à l'état réel, n'en est pas moins restée le centre des opérations industrielles ; — enfin un caducée avec lequel Mercure, ce dieu des limites, ouvrait au commerce, source de toute fortune, un champ sans bornes, comme au soleil, source de toute fécondité, et lui donnait en plein monde la même direction avec un mobile différent.

---

(1) *Introduction à la science de l'Histoire*, par Buchez.

(2) Court de Gébelin, *Monde primitif*, tom. 1er page 134.

(3) Court de Gébelin, *Vidi suprà*.

Toutes ces grandes conquêtes réalisées par l'esprit de la liberté dans le monde de l'esclavage, eurent lieu progressivement, et ne tendirent à rien moins qu'à prendre un caractère d'universalité. Ce qui est l'apanage d'un seul homme constitue, en effet, le droit de tous ; même privilége pour les nations que pour les individus. C'est en favorisant cette tendance que Moïse fonda la nationalité de son peuple, et groupa, sur un seul rocher de la Judée, plus d'hommes libres qu'il n'en existait ailleurs sur toute la surface du globe. Il divisa les Juifs en trois tribus : la première, celle des prêtres ou lévites ; la seconde, celle des citoyens ou propriétaires du sol, des artisans ou hommes des divers métiers et des guerriers ; la troisième, celle des esclaves qui étaient affranchis tous les sept ans. Il réunit ces trois tribus au sein de l'unité universelle, manifestée à la fois par l'unité d'origine, l'unité de tradition et l'unité de culte ; formule indispensable, puisque Moïse avait pour mission, en restaurant la véritable Genèse, de faire marcher les humains vers un but de progression infinie.

On s'étonnera peut-être de trouver le fait de l'esclavage, là où domine l'idée de l'égalité ; mais les institutions moïsiaques étaient entièrement symboliques : le dualisme entre l'homme libre et l'homme esclave, et par conséquent la négation de l'homme, devait avoir lieu jusqu'à la réalisation complète de l'unité par le Christ.

Il résulta, sans doute, des affranchissements d'esclaves qui eurent lieu depuis Moïse jusqu'à l'ère chrétienne, qu'un grand nombre d'artisans libres vinrent remplir les corporations industrielles dans la Judée et dans la Syrie. Tous les citoyens qui en faisaient partie jouissaient des droits civils et politiques ; ils avaient donc, en s'associant, un double but de commerce et de civilisation. Quatre-vingt mille maçons furent employés à bâtir, reconstruire, ou seulement à réparer le temple de Salomon, et Flavius Josèphe assure que trois mille deux cents maîtres dirigeaient les ouvriers qui appartenaient aux différents corps de métiers. Lorsque Thésée partagea les citoyens d'Athènes en groupes distincts, il donna aux mêmes corporations le titre général de *compagnonnage*, ainsi que nous l'avons dit plus haut, et créa des fêtes religieuses en l'honneur des *patrons de navires*. Toutes ces créations de la royauté furent plus tard conservée par la république. Solon, législateur de ce nouveau gouvernement, régularisa les établissements des classes ouvrières, et leur permit même d'en fonder de nouveaux, pourvu que ces associations privées ne fissent aucun acte d'hostilité contre la société générale.

Numa, le représentant de la législation de Rome, s'occupa avec une attention spéciale des règlements qui intéressaient les corporations industrielles, car les commerçants du même négoce et les ouvriers de la même profession avaient fait, sous Romulus, ce qu'ils firent aux époques primitives de chaque nationalité : ils s'étaient réunis ; ils avaient déterminé les rapports qui devaient exister entre eux et leurs patrons ; ils avaient élu, parmi eux, en vue de l'œuvre commune, certains citoyens probes et dignes pour juger leurs différends et appliquer une législation librement consentie par chaque associé ; ils avaient enfin formulé la constitution typique et absolue du monde commercial. Mais ces sociétés démocratiques, où revivait l'esprit des républiques grecques et non l'esprit de la monarchie égyptienne, devaient être hostiles aux tendances générales de la royauté qui succomba sous leur opposition.

C'était la première fois, peut-être, que les patriciens s'unissaient aux classes industrielles et à leurs *clients* pour faire changer les formes de la civilisation ; mais ils redoutèrent bientôt que ceux-ci ne retournassent contre eux-mêmes les armes de la révolte : aussi le sénat, et plus tard les Césars, voulurent-ils être les *patrons et les commanditaires des colléges de travailleurs*. Maîtres de l'administration générale du monde, eux seuls pouvaient leur faire entreprendre, au milieu des pays conquis, tant de constructions architecturales qui nous paraissent encore aussi hautes que la pensée romaine. Ainsi les chefs de ces corporations, transformés en espèce de *fermiers généraux*, étaient chargés de recueillir les impôts, de créer partout une administration, c'est-à-dire l'ordre ; d'approvisionner Rome et ses immenses entrepôts, et de donner enfin à ce corps universel, formé de tant de membres épars, de cités, de provinces et d'empires, le lien mystérieux et régénérateur de l'unité.

Mais, quelque puissants que soient les hommes, ils ne peuvent jamais accomplir une œuvre de cette nature dont la réalisation n'appartient qu'à la Providence ; elle seule devait faire cesser le dualisme général du fait et du droit, de l'esclavage et de

la liberté, par le triomphe de l'unité. Cependant, malgré la marche progressive des sociétés vers l'affranchissement, l'esclavage semblait s'immobiliser ; les villes-*asiles* étaient fondées par le génie de l'émancipation humaine ; et, toutefois, on les voyait pleines d'esclaves. Ainsi, l'État éminemment démocratique d'Athènes, faisait vivre vingt mille hommes libres à côté de quatre cent mille esclaves. Au dire de Sénèque, le jour où les sénateurs de Rome entendirent un patricien demander que tous les esclaves de la république fussent contraints de porter un vêtement semblable, ils chargèrent un orateur de lui répondre qu'*il fallait bien se garder de leur donner un moyen de se compter et de compter leurs maîtres.*

Au reste, les républiques grecques et romaines avaient bien pour mobile souverain le principe de la démocratie, mais le mot *démocratie* était loin d'avoir, dans l'antiquité, la signification que lui ont donnée les temps modernes. Les hommes libres constituaient seulement ce qu'on appelait *démos*, peuple. Ainsi, Athènes, où les artisans des corporations et leurs patrons formaient les plébéiens et les patriciens, il est impossible de dire quel était à peu près le nombre du peuple ; mais nous savons positivement quel était celui des esclaves auxquels l'État faisait apprendre toutes sortes de professions afin qu'ils pussent exécuter les travaux d'une communauté sociale dont ils se trouvaient exclus. On cite même plusieurs riches *capitalistes* de la race privilégiée qui se construisirent des ateliers po r faire concurrence à la répu·blique, les remplirent d'esclaves et multiplièrent infiniment leur fortune par l'exploitation des misères humaines.

On allait chez eux louer des esclaves tailleurs, cordonniers, grammairiens, maîtres de danse, philosophes, qui revenaient le soir chez le capitaliste lui rapportant le prix de leur journée. C'est ainsi que les maîtres, selon le témoignage de Xénophon (1) exploitaient les esclaves qu'ils avaient achetés fort jeunes dans des marchés publics et auxquels ils avaient fait apprendre tous les métiers. Nicias en possédait mille qu'il louait à un entrepreneur de travaux des mines, moyennant une obole par jour et par tête.

Les mêmes usages dominaient à Rome. Marcus Caton, propriétaire d'un corps semblable, d'ouvriers leur prêtait de l'argent pour acheter des enfants auxquels ils devaient apprendre leurs métiers ; leur éducation industrielle faite, ils étaient chargés de les revendre en réalisant un gros bénéfice , et Caton en percevait le produit de la main de ses esclaves, cinquante ans avant que son arrière-petit-fils se rendît immortel en se tuant pour l'indépendance romaine.

Que si l'on voulait donner une mesure exacte de la dégradation morale des hommes d'alors, il faudrait en dresser une statistique générale. Au commencement des temps historiques, les esclaves formaient déjà les trois quarts de l'humanité : loin de menacer le patriciat avec leurs propres chaînes, ils se laissaient crever les yeux chez les Scythes ou exposer tranquillement sur tous les marchés du monde, et vivaient dans leur esclavage comme nous vivons dans notre liberté.

On le voit, l'organisation du travail est toujours identique à la constitution sociale des peuples : aussi avait-elle pour base l'esclavage, en plein paganisme. Les progrès de l'humanité s'opéraient alors individuellement et non collectivement. La liberté apparente n'était qu'une illusion, l'esclavage seul, une réalité ! L'indépendance de quelques-uns ne pouvait exister, en fait et en principe, qu'en vertu de l'asservissement de la multitude. Le nom de citoyen était un privilège, et la condition de servitude un droit commun. Pour produire cette effroyable division sur les débris de l'unité humaine, il avait fallu d'abord dénaturer la genèse universelle, ensuite nier l'unité divine. Enfin, le Christ vint dire aux hommes qu'ils avaient tous été portés dans les mêmes flancs et que les fleuves des peuples sortaient tous de la même source ; et soudain il se fit dans le monde moral comme une seconde création. Un déluge de barbares inonda l'Europe pour transformer l'humanité ; l'esprit de Dieu plana au-dessus de ces flots humains et la lumière descendit ainsi dans le chaos et les temps modernes commencèrent en faisant de la cité terrestre l'image de la cité céleste, ouverte à tous par la rédemption ; et l'organisation du travail changea

---

(1) *Traité des revenus de l'Attique*, chap. IV.

de formes, car Jésus-Christ, fils d'un charpentier avait paru pour constituer cette œuvre divine selon les principes de la liberté, l'égalité et la fraternité.

CHAPITRE II.

Constitution générale du travail pendant le moyen-âge.

Puisqu'on avait proclamé au nom du christianisme, religion du sacrifice individuel, le dogme de l'affranchissement général, il fut nécessaire de relever la dignité morale de l'homme, de délivrer les classes ouvrières de l'injuste réprobation qui pesait sur elles, par cela seul qu'elles vivaient dans le néant de l'esclavage ; de les appeler à l'industrie corporative qui appartenait exclusivement aux citoyens ou aux affranchis; de créer le prolétariat, c'est-à-dire une manière de vivre librement en société, qu'on fût propriétaire ou qu'on ne le fût point ; et de constituer enfin la *bourgeoisie*, symbole social de la communion universelle.

Cette nouvelle condition humaine, complètement inconnue de l'antiquité, puis que l'unité sociale n'avait pas encore eu sa révélation divine, dut suivre toutes les transformations progressives, continuées sans relâche, selon les temps et les lieux, par les conquêtes pacifiques de la science et de l'industrie. Le monde ancien avait des patriciens, des clients et des esclaves ; le monde nouveau n'eut plus moralement que des hommes libres. Le monde ancien n'avait que des artisans associés, c'est-à-dire membres d'une communauté industrielle, quoique frappés d'excommunication ; le monde nouveau n'eut plus que des *bourgeois*, c'est-à-dire des hommes de communion qui ne peuvent vivre que par la communion. Chez eux, plus de ces noms à la signification honteuse, *client* ou *affranchi* ; transformés d'abord en cette expression, *serf*, avant de s'éteindre pour jamais, comme tous les termes qui rappellent l'esclavage, la dégradation morale et la chute de l'homme, il ne reste plus que le mot *bourgeois*, équivalant, dès l'origine, à celui de *citoyen*, symbole de rédemption, de réhabilitation et de liberté !

Il est impossible de préciser l'époque où le mot *bourgeois* a été créé; mais il est évident qu'on n'a pu le mettre en usage que dans un temps où la démocratie avait acquis une certaine prépondérance dans la société politique, car il entraîne avec lui la révélation d'un fait et d'un principe, de la puissance et de l'organisation. En effet, les habitants des villes, jouissant du droit de bourgeoisie, appartenaient tous à des corporations industrielles et municipales, car la commune était déjà organisée comme le travail.

Sous l'empire du christianisme, qui avait promulgué au monde le progrès humain en vertu de la rédemption divine, les peuples passèrent tour à tour de l'esclavage antique au servage féodal, c'est-à-dire de l'état d'instrument matériel, relativement au sol, à l'état de colon ou de cultivateur; ensuite du servage au prolétariat, c'est-à-dire de l'état de cultivateur à l'état moral de propriétaire, puisque le droit de propriété était accessible à tous ; enfin, du prolétariat au régime communal et à la condition de bourgeoisie, c'est-à-dire, de l'état d'asservissement occasionnée par le manque absolu de possession territoriale à l'état d'affranchissement universel, puisqu'il n'y avait plus en France *de serfs de corps ni d'esclaves domestiques.* C'est après ces évolutions progressives des personnalités humaines que la jurisprudence nationale, fondée sur les privilèges des communes et des bourgeoisies, proclama ce principe du droit public : *Tout esclave qui met le pied sur la terre de France est libre.*

On aurait tort de croire que la commune, telle qu'elle se forma au moyen-âge, eut seulement le caractère des *municipes* ; elle exprima bien plutôt l'action collective et guerrière des diverses corporations des travailleurs affranchis par les croisades. Cette différence notable entre la constitution du monde antique et celle du monde nouveau, éclate pareillement dans la lettre et dans l'esprit qui les manifestent. Ainsi les anciens disaient : *municipes, droit municipal,* c'est-à-dire droit d'émancipation personnelle en ces temps d'inégalité ; et les modernes disent, au contraire : *commune, droit communal,* c'est-à-dire droit de tous à la communion sociale, en vertu de l'égalité humaine.

Cela est si vrai que la commune de Paris ne fut jamais, durant toutes les époques de la monarchie, que la réunion des six plus grands corps de l'industrie, désignée, durant toutes les époques, sous le double nom de l'*Hôtel-de-Ville* ou *Maison de la Marchandise*, et que le chef de cette commune, directeur de l'œuvre commerciale avant d'être magistrat municipal, s'appela jusqu'au 15 juillet 1789, *prévôt des marchands*. Désigné par un vote universel, il gouvernait à la fois tous les arts et tous les métiers, et devenait ainsi le symbole et du corps social.

Tout bourgeois pouvait prétendre aux honneurs de la prévôté des marchands et de l'échevinage : une réputation intacte était le seul titre à la recommandation publique ; mais un simple contrat d'attermoiement et le plus léger soupçon suffisaient pour le faire destituer ; car les habitants de Paris voulaient avoir à leur tête un homme qui résumât tous les nobles penchants de l'humanité !

Il n'en fut pas ainsi dans toutes les époques, notamment durant la minorité de saint Louis, où les offices étaient vendus au plus offrant : la constitution des travailleurs disparut dans cette éclipse de la morale publique ; la corruption et le brigandage rendaient la justice ; *il y avait tant de malfaiteurs et de larrons à Paris et dehors*, dit Joinville, *que le pays en était plein. Le roi*, ajoute le même historien, *sut toute la vérité.... Il fit enquérir dans tout le royaume et partout le pays où il pourrait trouver un homme qui fît bonne et roide justice et qui n'épargnât pas plus le riche homme que le pauvre. On lui indiqua Etienne Boileau*, qui fut chargé, par le prince, de la réorganisation de l'état populaire, quoiqu'il portât le titre de prévôt de Paris, et non celui de prévôt des marchands.

L'œuvre d'Etienne Boileau est un des faits capitaux de notre histoire. Avant lui, chaque communauté d'arts et métiers avait bien ses règlements dictés par l'esprit de fraternité, mais ces règlements particuliers, non écrits, succombaient quelquefois sous la dépravation universelle des mœurs. Pour prévenir le retour d'une telle catastrophe, le prévôt fit comparaître devant lui, dans la salle d'audience du Grand-Châtelet, les prud'hommes des marchands, des artisans et des ouvriers de chaque corporation, et un clerc écrivit sous leur dictée les us et coutumes suivis au sein de leurs communautés depuis un temps immémorial. Ces coutumes une fois accueillies, furent soumises à une sorte d'enquête qui eut lieu en présence de Grand-Panté, *l'un des plus sages et des plus anciens hommes de Paris, et de ceux qui plus devoient savoir de ces choses, lesquels, tous ensemble, louèrent moult cette œuvre* que l'on conserva sous le titre de LIVRE DES MÉTIERS (1).

Voici la liste des corporations ou jurandes qui figuraient dans ce livre. — C'étaient les tameliers (boulangers), les meûniers, les blatiers (marchands de blé), les mesureurs de blé, les crieurs, les jaugeurs, les taverniers, les cervoisiers (fabricants de bière) ; les regrattiers (détailleurs de pain, sel, poisson de mer), les regrattiers de fruit et de jardinage, les orfèvres, les potiers d'étain, les cordiers, les ouvriers en menues œuvres de plomb et d'étain ; les ferriers (ouvriers en fer), maréchaux, taillandiers ; les couteliers, les serruriers, les boîtiers, les batteurs d'archal, les boucliers de fer, les boucliers de cuivre et de laiton, les tréfiliers de fer, les tréfiliers d'archal, les cloutiers, les haubergiers (faiseurs de hauberts), les patenôtriers d'or, les patenôtriers de corail, les patenôtriers b'ambre et de jais, les cristalliers, les batteurs d'or et d'argent à filer, les batteurs d'étain, les batteurs d'or et d'argent en feuilles, les laveurs de fil et de soie, les fileurs de soie à grands fuseaux, les fileurs de soie à petits fuseaux, les cripiniers de fil et de soie, les ouvriers en tissus de soie, les braaliers (faiseurs de braies) en fil, les drapiers de draps de soie et de velours, les fondeurs, les ouvriers faiseurs de fermoirs à livres, les faiseurs de boucles à souliers, les tisserands de soie, les lampistes, les barilliers, les charpentiers, les maçons, tailleurs de pierre et plâtriers ; les faiseurs d'écuelles et de hanaps, les tisserands de draps, les fabricants de tapis *sarrazinois*, les fabricants de tapis communs et couvertures, les foulons, les teinturiers, les chaussiers, les tailleurs de robes, let marchands de lin, les marchands de chanvre et de fil, les marchands de grosse toile de chanvre, les épingliers, les sculpteurs faiseurs d'images de saints, les peintres faiseurs d'images

---

(1) Voir la belle et savante Introduction de M. Depping au *Livre des Métiers.*

de saints, les huiliers, les fabricants de chandelles de suif, les gaîniers, les garnis-
eurs de gaînes, les fabricants de peignes et de lanternes, les fabricants de tables à
écrire, les cuisiniers, les poulaillers, les fabricants de dés à jouer, les fabricants de
boutons, les baigneurs, les potiers de terre, les merciers, les fripiers, les boursiers,
les peintres en bâtiment, les selliers, les fabricants d'arçons de selles, les peintres
blasonniers pour selles, les bourreliers, les fabricants de mors, les apprêteurs de
cuirs, les cordonniers en cuir, les cordonniers en basane, les savetiers, les corroyeurs,
les gantiers, les marchands de foin, les fabricants de chapeaux de fleurs, les chapeliers en feutre, les chapeliers en coton, les chapeliers en plumes de paon, les fourreurs, les faiseurs de chapeaux pour dames, les fourbisseurs, les archers, les pê-
cheurs dans les eaux du roi, les poissonniers d'eau douce et les poissonniers de mer.

Les corporations formaient trois catégories. La première renfermait les *six corps
des marchands*, associations riches, pleines de *grands bourgeois, soit à tort, soit à
raison, n'étant tenus à répondre fors à Dieu*; la seconde comprenait toutes les
autres *communautés d'arts et métiers* officiellement reconnues; la troisième, enfin,
se composait d'une vingtaine de jurandes où l'on exerçait des professions sans lettres-
patentes ni statuts, mais dont les membres ne vivaient pas moins pour cela selon les
réglements législatifs de la bourgeoisie de Paris.

Les six corps des marchands étaient inscris en tête des métiers libres, chargés de
veiller à la conservation de tous les priviléges de l'industrie; ils avaient pour symbole
un hercule assis et s'efforçant, mais en vain, de rompre un faisceau formé de six
baguettes emblématiques, et pour devise : *Vincit concordia fratrum*, principe le de
le fraternité humaine.

Chaque corps associé était gouverné par six maîtres et gardes choisis entre les
bourgeois les plus recommandables qui s'occupaient des intérêts communs. Le grand
garde de la draperie faisait les convocations et présidait leurs assemblées, comme
chef de la corporation parisienne.

Le gouvernement des maîtres et gardes durait ordinairement deux ans.

Les *drapiers* eurent longtemps le droit de marcher à la tête des six corps. On
distinguait, dans cette communauté, les *drapiers* et les *drapiers-chaussetiers* qui
avaient séparément leurs patrons et leurs confréries.

Les *épiciers* enregistrés immédiatement après les *drapiers*, étaient partagés en
deux groupes; celui des *apothicaires* et celui des *épiciers* proprement dits qui
se subdivisaient également en *droguistes, confituriers et ciriers*. Les *apothicaires* et
les *épiciers* étaient gouvernés par les mêmes gardes et par les mêmes statuts. Les
gardes étaient obligés de leur faire annuellement trois visites particulières, et de visiter généralement tous les marchands, *maîtres de cloches*, etc., pour confronter
les poids et les balances, parce qu'ils jouissaient exclusivement du droit d'étalon-
nage à l'égard de toutes les jurandes qui ne faisaient point partie des six corps.

Le troisième corps, celui des *merciers*, renfermait un grand nombre de cathé-
gories. Entre autres métiers, Etienne Boileau y distingua les commerçants en gros,
les marchands d'étoffes de soie brochées en or et en argent; les marchands de do-
rure et de galons, de dentelles et de réseaux d'or et d'argent; les marchands de fer,
de modes, de toiles, etc. Sept maîtres gouvernaient la corporation générale dont
les membres étaient reçus *noblement*.

Le corps des *pelletiers* occupait le quatrième rang et se désignait sous le titre de
maîtres et marchands pelletiers, haubanniers, fourreurs.

Le cinquième corps était celui des *changeurs*. Ils avaient seuls le droit d'habiter
le pont au Change.

La sixième communauté était celle des *orfèvres*: elle comprenait à la fois les
les joailliers, les bijoutiers, les metteurs en œuvre et les marchands d'or et d'argent.
dès l'origine, les orfèvres eurent la garde du buffet royal, lorsque les galas de la
cour avaient lieu dans le palais de la cité.

Les six corps de Paris formaient l'aristocratie des métiers; les autres métiers
avaient une constitution à peu près semblable; nous allons les considérer au point
de vue politique, administratif et religieux.

Par rapport à l'Etat, les jurandes avaient besoin d'être autorisées, soit par le
prévôt de Paris, soit par le prévôt des marchands, car elles dépendaient de l'autorité

royale ou de l'autorité municipale. Tout bourgeois qui désirait embrasser une profession libre présentait une requête au prévôt de Paris, en plein Châtelet, ou au prévôt des marchands, dans la grande salle de l'Hôtel-de-Ville, payait un droit en argent, subissait un examen en présence des gardes-jurés du métier, prêtait serment de se conformer aux réglements et aux lois du royaume, et prenait enfin possession de la *maîtrise*.

Par rapport à lui-même, chaque métier possédait un fond commun et une caisse générale, patrimoine inaliénable de tous les associés. On ne pouvait être maître sans lettres de *maîtrise*. Or, pour les obtenir, deux conditions indispensables devaient être remplies : l'une de capacité dont les gardes-jurés s'assuraient au moyen d'un examen qu'ils faisaient subir au candidat ; l'autre d'argent partagé entre le roi et la corporation. Dans certaines professions, l'on exigeait un cautionnement ou un chef-d'œuvre. Les orfèvres versaient dix marcs d'argent entre les mains du prévôt ; mais les tondeurs de draps n'en donnaient que six pour garantir les étoffes qu'on leur confiait.

L'apprentissage, qui transformait chaque atelier en un une école où l'élève, avant d'obtenir le titre de maître, devait monter un à un tous les degrés de l'hiérarchie industrielle, formait un point important de la législation intérieure des jurandes.

La taxe exigée pour l'apprentissage variait comme le temps de l'apprentissage. L'apprenti lormier, teinturier, chandelier, tisseur de soie, coutelier et potier de terre, une fois entré dans un métier, ne devait en sortir qu'après six ans ; un apprenti orfèvre, après dix ans ; un apprenti bouclier, après huit ans ; un apprenti boitier après sept ans ; mais ce dernier payait vingt sous parisis, tandis que l'apprenti drapier en soie payait six livres.—L'ouvrier pouvait ne point solder le prix de l'apprentissage, s'il en augmentait la durée : dans ce cas l'apprenti boitier s'engageait pour huit ans et non pour sept, et l'apprenti drapier en soie également pour huit ans et non pas six. Ce contrat une fois signé, il devenait si rigoureux, au point de vue du droit, pour le maître et pour l'apprenti, que celui-ci, en se rachetant à prix d'argent, n'était plus apte à recevoir la maîtrise, et que la mort du maître lui-même ne l'affranchissait pas de son apprentissage. Les gardes-jurés du métier, après en avoir déféré au prévôt de Paris, lui donnaient un nouveau maître, si la veuve de son premier *bourgeois* ne conservait pas la maîtrise.

Lorsque le temps légal de l'apprentissage était fini, chaque ouvrier qui voulait devenir maître, faisait son *chef-d'œuvre*, type de perfection relatif à son état, présentait une requête au prévôt de Paris, ou au prévôt des marchands, selon que sa profession dépendait de l'Hôtel-de-Ville ou du Châtelet, et payait un droit exigé pour l'achat de la maîtrise, comme si le droit de travailler faisait partie du domaine royal ou du domaine populaire. Lorsque l'ouvrier ne voulait pas entrer en maîtrise, ou s'*il n'avait pas de quoi*, il était libre de travailler en tous ateliers, en tous pays, chez tous les maîtres moyennant un salaire. Ces ouvriers libres s'appelaient *vallez gaignant argent ;* ils avaient le droit d'entrer dans une jurande, en subissant les épreuves nécessaires devant les gardes du métier, un an après qu'il était sorti d'apprentissage. Ainsi donc, les ouvriers qui ne possédaient aucun capital n'étaient pas dans la dépendance d'autrui comme les prolétaires de la civilisation moderne, puisque leur entrée dans la jurande les faisait participer à tous les priviléges de la bourgeoisie.

Les membres de chaque jurande se réunissaient en présence du prévôt de Paris ou de son lieutenant, soit pour élire leurs prud'hommes ou leurs gardes-jurés visiteurs, soit pour reviser leurs statuts, soit pour en faire de nouveaux. L'élection des gardes-jurés, visiteurs de métiers, avait lieu de quatre manières différentes : 1° par toute la communauté des chefs des métiers ; 2° par les jurés sortants ; 3° par les officiers du roi dont le prévôt de Paris avait le droit de casser ou d'approuver la nomination ; 4° par le vote à deux degrés ; et la généralité des maîtres nommaient alors quelques électeurs qui devaient choisir les gardes-jurés.

Les jurés étaient tenus de visiter les fabriques, les ateliers et les boutiques ; d'inspecter les marchandises ; de surveiller les foires et les marchés ; d'obvier *aux maléfices, faussetez et decevances qui pourroient estre faictes ;* de dénoncer au *procureur du ray toutes les mesprentures, forfaictures ou amendes qui seroient on pourroient estre faictes ;* de lever des impositions et des taxes sur les membres de chaque corporation, et d'exercer enfin une juridiction bienveillante pour les ouvriers, mais sévère pour les maîtres. L'appel de leurs jugements était porté au Châtelet, devant le tribunal du prévôt de Paris.

Les amendes, les droits de réception et une cotisation régulière alimentaient le trésor de chaque corporation.

En certains lieux privilégiés, notamment au fabourg Saint-Antoine, au Cloître et au Parvis Notre-Dame, à la Cour Saint-Benoît, à l'Enclos Saint-Denis, à celui de La Châtre, au Louvre, aux Gobelins, aux Palais des princes du sang, et aux quarante-deux collèges de l'Université, les ouvriers et les artisans qui servaient de portiers, pouvaient exercer leurs professions sans être passés maîtres en aucune corporation et sans être soumis à la juridiction et à la visite des gardes jurés d'aucune communauté. Quelquefois seulement ceux-ci avaient droit d'inspection sur leurs ouvrages ; mais alors ils devaient se faire accompaguer d'un commissaire du Châtelet et obtenir une ordonnance du lieutenant civil ou du lieutenant de police.

Chaque métier nommait séparément ou collectivement ses prud'hommes ; il y avait donc autant de juridictions distinctes qu'il y avait de jurandes. Au-dessus d'elles s'élevaient deux tribunaux supérieurs, celui de l'Hôtel-de-Ville dont tout artisan était justiciable en sa qualité de bourgeois, et celui du Grand-Châtelet, où tout membre d'une corporation devait comparaître, soit devant le prévôt de Paris, soit devant son lieutenant, en sa qualité de sujet du roi de France.

Il nous reste à considérer les jurandes sous un troisième aspect. Par rapport à la société religieuse, les bourgeois étaient constitués en autant de confréries. Aux yeux du roi comme à leurs propres yeux, le riche et le pauvre n'avaient que des intérêts communs ; mais aux yeux de l'évêque, le riche et le pauvre étaient uniquement frères. Dans l'Hôtel-de-Ville, on distinguait, sans doute, l'importance sociale de l'individu, selon sa richesse ; dans l'Église, au contraire, on ne distinguait que sa foi et son dévouement au principe de la fraternité humaine.

Chaque métier avait adopté le patronage d'un saint : de même qu'il avait un bureau spécial où se réunissait la *communauté*, de même il eut une église distincte où s'assemblait la *confrérie*. Chaque artisan avait sa place spéciale dans l'église et aux processions, où il se rangeait autour de la bannière de sa communauté : cette bannière qui, dès l'origine, n'avait été qu'un étendard pieux, devint bientôt le drapeau militaire de chaque métier, lorsque la bourgeoisie, dont les principaux membres avaient été militairement organisés par saint Louis, fut généralement appelée à former les milices nationales.

Pour compléter cette large organisation du travail, Etienne Boileau fit entrer les praticiens et les clercs dans le parlement de Paris, juridiction suprême de toute la France. Cette compagnie et la chambre des comptes, formèrent deux corporations distinctes, de même que les clercs et les praticiens attachés à ces deux communautés, qui prirent les noms célèbres de *Royaume de la bazoche* et d'*Empire de Galilée*. L'*Etude générale*, composée de divers collèges, forma elle-même cette vaste corportion qui s'appela *Université de Paris*, association moitié séculière, moitié ecclésiastique, dont les papes et les rois invoquèrent souvent l'arbitrage, comme si elle représentait l'élément générateur du pouvoir humain.

On le voit, l'application la plus complète du principe d'association, par Etienne Boileau et ses successeurs, avait régénéré l'industrie, la magistrature et l'université, toutes les formes de la civilisation. Les positions judiciaires, administratives, et quelquefois politiques, devinrent peu à peu l'apanage de la démocratie, uniquement parce qu'elle était organisée par groupes de métiers. C'est ainsi qu'à chaque âge de sa vie, elle forma un tout harmonique. Chaque jurande, pour être individuellement constituée, n'en participait pas moins, dans la sphère de son activité, au mouvement de progression universelle ; aussi, le déplacement d'une seule aurait-il suffi pour produire une révolution dans la société générale.

Après avoir indiqué les nombreux rapports qui unissaient entre eux, dans ces associations, l'apprenti et le maître, le juré et le prévôt des marchands, il nous reste à voir maintenant, au travail historique, tous ces ouvriers de la civilisation.

CHAPITRE III.

Grandeur et décadence des jurandes et des maîtrises

Nous savons qu'elle fut la forme générale des communautés de marchands et d'artisans au moyen-âge, apprenons maintenant quel était l'esprit qui les animait : Louis Blanc nous le révèlera.

« Lorsque, rassemblant les plus anciens de chaque métier, dit-il, dans son *Histoire de la Révolution*, (1) Etienne Boileau fit écrire les vieux usages des corporations, le style même se ressentit de l'influence dominante de l'esprit chrétien. Souvent, la compassion pour le pauvre, la sollicitude pour les déshérités de ce monde se font jour à travers la concise rédaction des règlements de l'antique jurande. *Quand les maîtres et jurés boulangers, y est-il dit, iront par la ville accompagnés d'un sergent du Châtelet, ils s'arrêteront aux fenêtres où est exposé le pain à vendre, et si le pain n'est pas suffisant, la fournée pourra être enlevée par le maître.* Mais le pauvre n'est point oublié, et les pains qu'on trouve trop petits, on les distribue au nom de Dieu : *ceux que l'on trovera trop petits, lé juré feront doner por Dieu le pain.* »

Le pieux législateur, ayant surtout à cœur de protéger les faibles contre les forts, avait voulu expressément que les denrées, exposées au marché, fussent *bonnes et loyales* et que les marchands ne pussent acheter des vivres qu'après tous les autres habitants de la cité, afin que le pauvre en put obtenir sa part au meilleur prix ; il avait recommandé la probité aux mesureurs, de même qu'il avait défendu au tavernier, sous quelque prétexte que ce fut, de hausser le prix du gros vin, commune boisson du *menu populaire.*

« Et si, en sortant du marché et en pénétrant au sein des jurandes on y reconnait, ajoute éloquemment Louis Blanc, l'empreinte du christianisme, ce n'est pas seulement parce qu'on les voit, dans les cérémonies publiques, promener solennellement leurs dévotes bannières et marcher sous l'invocation des saints et du paradis ; ces formes religieuses cachaient le sentiment que fait naître l'unité des croyances. Une passion qui n'est plus aujourd'hui, ni dans les mœurs ni dans les choses publiques, rapprochait alors les conditions et les hommes : la charité ; l'église était le centre de tout ; autour d'elle, à son ombre, s'asseyait l'enfance des industres. Elle marquait l'heure du travail, elle donnait le signal du repos. Quand la cloche de Notre-Dame ou de Saint-Méry avait sonné l'*angélus*, les métiers cessaient de battre, l'ouvrage était suspendu, et la cité, de bonne heure endormie, attendait le lendemain que le timbre de l'abbaye prochaine annonçât le commencement des travaux du jour. »

« Ainsi, l'esprit de charité avait pénétré au fond de cette société naïve. On ne connaissait point alors cette fébrile ardeur du gain qui enfante quelquefois des prodiges, et l'industrie n'avait point cet éclat, cette puissance qui, aujourd'hui, éblouissent ; mais du moins la vie du travailleur n'était point troublée par d'amères jalousies, par le besoin de haïr ses semblables, par l'impitoyable désir de le ruiner en le dépassant. Quelle union touchante, au contraire, entre les artisans d'une même industrie ! Loin de se fuir, ils se rapprochaient l'un de l'autre, pour se donner des encouragements réciproques et se rendre de mutuels services. Dans le sombre et déjà vieux Paris du XIIIᵉ siècle, les métiers formaient comme autant de groupes ; les bouchers étaient au pied de la tour Saint-Jacques ; la rue de la Mortellerie rassemblait les maçons ; la corporation des tisserands donnait son nom à la rue de la Tixeranderie qu'ils habitaient ; les changeurs étaient rangés sur le Pont-au-Change, et les tinturiers sur les bords du fleuve. Or, grâce au principe d'association, le voisinage éveillait une rivalité sans haine. L'exemple des ouvriers diligents et habiles, engendrait le stimulant du point d'honneur. Les artisans se faisaient en quelque sorte l'un à l'autre une fraternelle concurrence. »

Il est impossible de rien changer à ce tableau tracé par une main de maître, aussi

---

(1) Tome 1er page 478.

l'avons-nous transcrit ici tout entier. Cette organisation du travail humain avait pour but un principe d'ordre et d'amour, de fraternité et de liberté, car le *Livre des métiers* disait : *il est permis à cil qui voudra*, et encore, *le puet franchement.* Mais le progrès de la civilisation ayant porté aux mœurs une atteinte profonde, on opposa à ces formules libérales, cet axiome de l'oppression : *S'il a de coi.* Il en résulta que, dans une institution fondée sur le sacrifice de chacun au bien être de tous, on fit place à l'égoïsme individuel.

C'est ainsi que dans certaines corporations l'esprit de fraternité se perdit et les maîtrises devinrent héréditaires. Une erdonnance de 1381 porte que *nul ne peut estre bouchier de la grant boucherie de Paris, se il n'est filz de bouchier de icelle boucherie.* On distingua, dès lors, deux classes d'apprentis, les fils de maîtres, dont le nombre était illimité ; et les étrangers, dont le nombre se trouvait extrêmement restreint ; mais les fils de maîtres qui n'étaient point *nés de loyal mariage*, subissaient les lois applicables aux étrangers.

Indépendamment de son fils, aucun chef de métier ne put avoir plus d'un apprenti : par un privilége spécial, les orfèvres, les tanneurs et les maîtres tinturiers en eurent deux ; quelques autres artisans eurent la faculté d'en prendre le nombre qu'ils voulurent.

On le voit, l'égoïsme individuel battait en brèche la libre constitution générale des travailleurs, en établissant une ligne de démarcation entre le fils du maître et —l'*étranger*, —terme payen mis au service de la civilisation chrétienne, qui s'altérait entre la bourgeoisie et le peuple, dont la lutte, sourde encore, va bientôt éclater tumultueusement sous la main audacieuse d'Etienne Marcel, prévôt des marchands, qui résume tous les côtés de la démocratie.

Il faut qu'une transformation nouvelle et générale soit réalisée dans la société humaine, avant que le travailleur, entièrement émancipé, se pose ainsi fièrement dans l'état,

Les habitants des villes étaient devenus déjà membres essentiels de la société civile ou commerciale et les artisans, sous le nom de *bourgeois,* constitués en corporations, avaient le droit d'organiser et de diriger l'industrie nationale, mais ils n'exprimaient encore que deux côtés de la vie publique, par rapport à leurs corporations et par rapport à la cité : une dernière conquête, la première par son importance, leur restait à faire, celle du droit politique. La transformation de la bourgeoisie en Tiers-Etat, consacra ce triomphe, résultat de l'esprit d'association mis au service des classes populaires.

A dater de ce jour, la démocratie vécut de la vie industrielle, de la vie municipale et de la vie politique. On la vit s'organiser pour la paix comme pour la guerre, bâtir ses hôtels-de-ville et fortifier ses cités, réunir en corps municipal les délégués de ses diverses associations et les convertir en capitaines de quartiers pour commander ses milices ; battre monnaie et sonner le tocsin d'alarmes ; entrer humblement d'abord dans les *Etats-Généraux*, ensuite y octroyer ou refuser l'impôt, discuter des lois ou proposer des règlements, proclamer l'égalité et l'unité humaine en présence de deux ordres opposés, dont l'existence reposait sur l'inégalité des conditions ; et enfin, proclamer la souveraineté populaire en plein XIV⁰ siècle, par la bouche d'Etienne Marcel, prévôt des marchands, le premier bourgeois de Paris qui ait osé mettre en présence l'idée monarchique et l'idée républicaine, et expliquer l'autorité sociale et politique par la liberté !

La haute pensée d'Etienne Marcel ne fut point perdue pour les parisiens, qui font remonter jusqu'à lui la tradition révolutionnaire. Aussi, les voit-on sans cesse réagir fièrement contre tout despotisme, souvent vaincus, plus souvent vainqueurs, toujours dignes de la victoire.

Ecrasés par l'armée féodale, après leur soulèvement, que l'histoire monarchique nomme la révolte des *Maillotins*, ils perdirent leur indépendance et leur fortune, sous la régence odieuse et cupide qui gouverna l'état durant la minorité de Charles VI. Les corporations d'arts et de métiers furent supprimées en même temps que la milice bourgeoise, durant trois longues années. Juvénal des Ursins devint alors *garde de la prévoté des marchands.* Mais comme cette magistrature avait été réunie à la prévôté du roi, l'homme de la commune n'en resta pas moins l'homme du prince ;

il ne pouvait donc plus représenter la liberté ! il fallut qu'un chef de l'aristocratie se fit le symbole momentané de la démocratie, pour obtenir l'organisation dn travail par la restauration des jurandes, ainsi qne celle de la garde urbaine et du corps municipal, en un mot toute l'ancienne constitution populaire : Jean Sans Peur faisait alors de son égoisme personnel, une question d'humanité.

Louis XI, ce roi conventionel, qu'on nous permette cette expression, décrêta la démocratie au bénéfice de la royauté. Il réorganisa tout, communes, corporations et métiers, et régularisa leurs rapports avec le gouvernement, sous prétexte de les rendre plus utiles à la défense de l'Etat ; mais en réalité, pour empêcher que les forces populaires ne pussent point réargir contre le prince régnant.

Aux termes de son ordonnance, *pour le bien, sûreté, garde, tuicion et défense de nostre bonne ville de Paris*, disait-il, *les gens de mestiers et marchands seront partiz et divisez en* soixante-une *bannières et compagnies.*

Chaque métier ou jurande forma de la sorte, une compagnie distincte, sous les ordres d'un principal et d'un sous principal, chef de métier et habitant de Paris, depuis six ans, que les autres artisans du métier avaient droit d'élire et de réélire chaque année ; mais on exigeait d'eux le serment d'être fidèles au roi, de combattre toutes les séditions et de révéler tous les complots dont ils auraient connaissance. La même organisation militaire et le même serment furent imposés à tous les corps de l'état. En sorte que la nation française marcha vers la liberté par la voie du despotisme.

Jusques vers le milieu du XVIᵉ siècle, la royauté avait respecté assez généralement l'organisation du travail ; elle était encore, à part les statuts relatifs aux apprentis et à quelques maîtrises, telles qu'elle se trouvait enregistrée dans le *Livre des métiers*, telle qu'elle avait été régulièrement constituée sous le règne de Saint-Louis et sous l'influence du principe de la fraternité humaine ; mais dès cette époque, le sentiment chrétien s'affaiblissant de plus en plus, la famille des travailleurs en souffrit cruellement, car elle fut aux prises avec l'esprit d'oppression qui allait s'emparer du monde.

En général, le système règlementaire des communautés d'arts et métiers n'avait encore rien de contraire à la liberté individuelle ; il suffit, pour s'en convaincre, de lire les ordonnances de 1521 et de 1530, et les écrits du célèbre Bodin, qui les accepte *comme la meilleure garantie* de l'indépendance des citoyens. Mais il n'est rien que ne corrompent la fiscalité et le privilége (1).

Cette corruption est provoquée par les frais du droit royal et du banquet de réception que l'on payait aux maîtres en entrant dans la maîtrise ; par la vente faite aux communautés de mille odieux priviléges, et, notamment, par l'avidité des rois de France, qui devinrent marchands de titres de maîtrise. Vainement une ordonnance de Henri II, (1553), corrigea-t-elle quelques abus ; Henri III, par un édit de 1581, plaça les corporations d'arts et métiers sous le coup d'une loi générale et assujétit à la maîtrise et à la jurande, dans un but purement fiscal, tous les artisans du royaume. D'autres édits encore plus tyranniques furent rendus, notamment celui d'Avril 1597, qui assujétissait les marchands à la même loi que les artisans.

Le tiers-état protesta contre cet odieux arbitraire, par l'organe de Robert Miron, prevôt des marchands, et son président aux états-généraux de 1614. Il faut lire dans le *Recueil très-exact de chaque séance du tiers-état*, que Florimond Rapine nous a transmis, le procès-verbal des travaux de cette assemblée renfermant des faits indispensables à quiconque veut s'occuper de l'histoire de notre droit public. On y verra que la fonction de député du tiers-état était de présenter *les larmes et les pleurs de nos pauvres habitants, des misérables laboureurs et de tout peuple, pour émouvoir à pitié et compassion le coeur du roi.*

Robert Miron est profondément pénétré de ce devoir, lorsqu'il demande la réorganisation du travail en ces termes : *Réforme de la police et des marchandises.*

---

(1) F. Béchard, *Essai sur la centralisation administrative.* Tome 1ᵉʳ, page 98 et suivante.

Le peuple entier réclamait dans ses *cahiers* que : « Tous édits d'arts et métiers et lettres de maîtrises accordées en faveur d'entrées, mariages, naissances, régences des rois, reines et leurs enfants ou d'autres causes quelles qu'elles soient, soient révoqués, sans qu'à l'avenir il soit octroyé aucune lettre de maîtrise, ni fait aucun édit pour lever deniers sur les artisans, pour raison de leurs arts et métiers ; que *l'exercice desdits métiers soit laissé libre à tous les sujets*, sous visitations de leurs ouvrages et marchandises par experts et prud'hommes, qui à ce seront commis par les juges de la police ; et que les marchands et artisans, soit de métiers jurés ou autres métiers, ne paient aucunes choses pour les réceptions, levement de boutiques ou autres, soit aux officiers de justice, soit aux maîtres jurés et visiteurs de métiers ou marchandises, et ne fassent banquets, ou autres dépenses quelconques, ni même pour droit de confrérie, ou autrement, sous peine de concussion à l'encontre desdits officiers, et de cent livres d'amende contre chacun desdits jurés ou autres, qui auront assisté auxdits banquets, pris salaires, droits de confréries ou autres choses. (Florimond Rapine.) »

Les travailleurs ne réclamaient pas seulement la restauration de *la police et de la marchandise*, telles qu'Etienne Boileau les avaient constituées ; ils voulaient encore à l'avenir, être *réunis en honneur* et avoir *plus de part aux charges publiques qu'ils n'en avaient eu par le passé*.

Richelieu étouffa la voix de Robert Miron, la royauté celle de la démocratie, et le monopole celle du droit commun ; le bien diminua, et le mal, sous le despotisme du fameux cardinal et sous celui de Louis XIV, prit des proportions colossales. C'est ainsi que les grandes vues politiques et sociales du prevôt des marchands, ou mieux, des députés du *tiers-ordre* aux etats-généraux de 1614, furent ensevelies dans l'oubli ; mais la plupart d'entre elles, vulgarisées en 1789, furent inscrites au nombre de nos lois dans les constitutions modernes. Le plan de réorganisation industrielle, sur les principes de la liberté du travail et du droit commun, rédigé par nos pères, servira de base à la société nouvelle, dès que le temps aura vaincu l'égoïsme de quelques uns et l'aveuglement de quelques autres, car il n'appartient jamais à l'individu de barrer passage à la civilisation.

Ce fut pourtant l'œuvre de Richelieu et de Louis XIV, qui écrasèrent l'humanité. Loin de régénérer la constitution des travailleurs, ils firent revivre les anciens édits qui la dissolvaient : l'édit de mars 1673, purement bursal, en ordonnant la remise en exécution de ceux de décembre 1581 et d'avril 1597, ajouta au nombre des communautés industrielles déjà existantes *moyennant finance*, d'autres communautés jusqu'alors inconnues, et qui dûrent acheter le privilége de leur révélation.

Cette ordonnance décrétait le renouvellement général de tous les statuts des corporations et communautés, et *fixait les sommes* qu'il devait leur en coûter à chacune. Le rôle dressé à l'Hôtel-de-ville de Paris, à cette occasion, porte le nombre de ces communautés à quatre-vingt-quatre ; dans celui dressé au conseil en avril 1691, pour l'exécution de l'édit du mois de mars précédent, portant création des maîtres et gardes et jurés en titre d'offices, les corporations et communautés de Paris s'élevèrent à cent vingt-quatre.

« Il faut remarquer, dit Félix de Lafarelle, que depuis l'époque où le pouvoir royal réclama et exerça le droit de donner des lettres de confirmation des atatuts et réglements aux communautés, elles furent obligées de demander cette confirmation et *de la payer* à chaque changement ce règne ; mais il y eut un certain nombre de nos rois qui consentirent à ne pas l'exiger. » (1)

Il n'en fût pas ainsi de Louis XIV : il ordonna que tous les commerçants en quelque nature de marchandises ou de denrées que ce fût ; que tous les gens d'arts et métiers, sans aucune exception, dans toutes les villes du royaume où il y avait jurande et qui ne formaient ni corporations ni communautés, prendraient cette forme sociale pour exercer leur profession conformément aux statuts qui leur seraient accordées, moyennant finances. Un déluge d'édits amena un flux et un reflux incessant de créations d'offices et de suppressions, d'unions et de désunions. La loi de

---

(1) *Du progrès social au profit des classes populaires*, tom. 1, p. 217.

1691, déjà cité, créa en titre d'offices héréditaires, des maîtres et des gardes dans chaque corps de marchands, et des jurés dans chaque communautés d'arts et métiers, lesquels furent annulés par une ordonnance du mois d'août 1704. On établit un greffe dans chaque ville du royaume où existaient maîtrises et jurandes, pour *insinuer et enregistrer entre autres choses les actes d'élection des syndics et jurés.*

Les offices dé greffiers furent, l'an d'après, unis eux-mêmes aux corps et communautés d'arts et métiers. (19 mai 1705.)

L'avidité fiscale de Louis XIV alla si loin, que Fénélon crut devoir protester au nom du sentiment chrétien : et le prêtre osa parler ainsi au roi :

« Vos peuples meurent de faim ; la culture des terres est presque abandonnée ; les villes et les campagnes se dépeuplent ; tous les métiers languissent et ne nourrissent plus les ouvriers. Tout le commerce est anéanti. Au lieu de tirer de l'argent de ce pauvre peuple, il faudrait lui faire l'aumône. »

Malgré ces nobles et courageuses remontrances, le despotisme poursuivit toujours son développement fatal, et le génie fiscal anéantit ainsi le petit commerce, c'est-à-dire, le bien-être des classes populaires pour satisfaire au luxe de la royauté. La misère fut si grande, que les ouvriers n'entrèrent presque plus dans leurs ateliers, les fabricants ne pouvant occuper les travailleurs, faute de capitaux.

L'esprit de la nation réagit contre cet odieux régime : il demandait, à l'avènement de Louis XVI, la destruction immédiate des abus signalés depuis longtemps au sein des corporations de métiers, et l'émancipation la plus complète des classes populaires vis-à-vis des riches marchands et des chefs de fabriques. Quoique, en 1614, Robert Miron, prévôt des marchands, dans ses énergiques remontrances faites aux États-généraux, eût réclamé pour tout homme le libre exercice du travail dans les arts et métiers et la faculté d'obtenir, sans frais, la maîtrise l'état général des ouvriers n'avait point changé ; on admettait les fils de maîtres, sans même exiger d'eux la moindre preuve de capacité, tandis que les autres ouvriers, possédant beaucoup d'intelligence, mais très-peu de fortune, étaient arrêtés au seuil même de la vie industrielle, car il fallait payer 1,800 livres, 1,270 livres, ou 1,064 livres pour devenir orfèvre, drapier, mercier ou épicier. Une exigence aussi exhorbitante rendait les maîtrises héréditaires, et par conséquent tout progrès esclave de la routine. On enlevait à chaque individu le droit d'exercer son activité et ses facultés elles-mêmes, selon les besoins de la civilisation ; et on immobilisait enfin, entre les mains de quelques êtres privilégiés, le commerce qui ne vit que par le mouvement et par le principe de concurrence mis en harmonie avec le principe de solidarité humaine.

La nation espérait que Turgot, alors ministre, allait faire intervenir la royauté dans la réorganisation industrielle de la démocratie ; mais cet homme d'état ne comprit pas sa mission. Au lieu de réformer les corps de métiers, les maîtrises et les jurandes, en les constituant selon les principes du droit commun ; il rédigea fatalement un édit de suppression, sans prendre garde que, loin d'affranchir les travailleurs, il les emprisonnait dans le cercle étroit décrit par l'action de l'individu. En un mot, le ministre plaçait la société française en dehors de toutes les traditions des peuples, puisqu'il détruisait le principe universel de l'association.

Le parlement, voyant la ruine du commerce et de l'industrie, dans une ordonnance qui avait pour but leur restauration, refusa résolument de l'enregistrer, sans l'avoir même examinée. Organe des *économistes*, Turgot avait essayé d'appliquer à l'organisation du travail, cette maxime trop fatalement célèbre : *laissez faire et laissez passer.* Necker, déjà connu par un éloge de Colbert et par un ouvrage sur la législation des blés, se déclara ouvertement l'adversaire des *Economistes.* Il disait que Colbert, après avoir mûrement réfléchi sur la liberté illimitée du commerce, n'avait pas voulu imposer à la société des travailleurs et des producteurs, le joug meurtrier de cette liberté ! Aussi, Necker fut-il porté au pouvoir pour avoir rappelé, après les souvenirs désastreux de Law, la mémoire du grand ministre de Louis XIV, dont le nom s'identifiait avec la fortune publique. Les anciennes corporations de métiers, malgré l'édit de suppression enregistré dans un lit de justice, furent rétablies avec quelques noms de moins et quelques abus de plus, et la puissance de Necker devint inébranlable, parce que la bourgeoisie de Paris était égoïstement satisfaite.

Les corporations existèrent légalement jusqu'au 30 décembre 1791. Vaincus dans le gouvernement, les *Économistes* prirent leur revanche dans l'opposition, au sein de l'*Assemblée Constituante* et firent triompher la doctrine du *laisser faire et laisser passer*, en vertu de laquelle on abolit toutes les associations industrielles. Ce décret de suppression n'anéantit pas seulement les communautés de métiers, mais encore il détruisit la société générale elle-même. Or, comme la société existe et doit exister malgré les législateurs quels quils soient, il arriva tout le contraire de ce que les *Économistes* avaient sans doute prévu.

Les associations populaires, au lieu de disparaître entièrement, se transformèrent selon les passions de l'époque. Leur constitution primitive était entièrement industrielle ; elle devint purement politique, et l'Hôtel-de-Ville qui avait, durant toutes les époques représenté, par la prevôté des marchands et l'échevinage, tous les côtés de la démocratie, conserva ce privilége, mais changea de titre et prit le nom *Commune de Paris !*

A partir de ce moment, les ateliers se fermèrent, les clubs s'ouvrirent, et les ouvriers qui ne se firent point soldats, en ces jours grands et terribles de rénovation universelle par la République, devinrent *Sans-Culottes*. La Convention nationale si attentive à tout ce qui intéressait l'industrie, en groupa quelques-uns dans des établissements individuels ; mais trop occupée de ses divisions intestines qui devaient ruiner la France républicaine, cette assemblée n'eut pas le temps d'organiser la fortune publique, en restaurant avec les nombreux éléments qui étaient épars sur toute la surface de la nation et en vertu des principes de liberté, d'égalité et de fraternité les anciennes communautés de métiers et d'industries, lesquelles auraient donné un corps inébranlable à l'esprit révolutionnaire.

Les maîtrises et les jurandes ont disparu avec leur odieux cortége de restrictions enfantées par l'égoïsme et le monopole ; et cependant, malgré les métamorphoses politiques et sociales survenues en France depuis cette époque, nos législateurs n'ont constituer sur le sol mouvant de la civilisation. La révolution, qui devait pu rien changer le monde des idées, ne procédait plus que par des voies de fait. Quelques idéologues ayant formulé tout progrès social par l'individualisme, plusieurs assemblées délibérantes osèrent admettre comme principe général le triomphe de l'homme isolé. Bonaparte en profita ; mais seul, et par égoïsme, peut-être, il admit le principe contraire, parce qu'il savait que la société ne s'exprime que par elle-même. De cette manière, il semblait vouloir rattacher le présent au passé et mettre au service d'un peuple tous les faits constituants de l'humanité.

CHAPITRE IV.

De l'individualisme dans l'industrie au XIXe siècle.

Nous avons tâché de prouver, en déroulant, en quelque sorte, les annales humaines, considérées par rapport à l'organisation de la famille des travailleurs, que chaque époque de leur vie en faisait un être collectif différent, quoique foncièrement semblable à lui-même. Or, depuis un demi-siècle, cette ressemblance a cessé tout-à-coup. Le travail, qui avait autrefois une existence corporative ou collective, n'a plus qu'une existence individuelle. Il y a bien des artisans, puisqu'il y a un peuple, mais il n'y a plus de communautés dans l'industrie.

On le sait, l'ancien monde ne reposait que sur deux bases extrêmes, le patriciat et l'esclavage, et c'est à peine si l'on apercevait un petit nombre de clients se mouvoir à travers les colonnes de cet ordre public. De même, le monde moderne repose sur deux bases opposées, la richesse et la pauvreté ; et l'on distingue entre ces deux généralités, un certain nombre d'individus qui composent les classes moyennes, selon la fortune. Cet antagonisme redoutable a donc reparu, au milieu de la civilisation chrétienne, avec les mêmes caractères qu'il présentait sous l'influence des idées païennes. Il fallut alors une transformation divine et humaine pour la faire disparaître, et cette révolution eut lieu par le sacrifice du Christ, qui réconcilia le ciel avec la terre. Puisque la chute de l'humanité, d'où naquit toute division, se réalisa au berceau des siècles, une fois tombée, elle ne pouvait plus se relever elle-même ;

il était enfin nécessaire qu'un Dieu, devenu homme, reconstituât la vie universelle sur les assises de son tombeau.

Cette palingénésie providentielle dut s'accomplir dans les faits, en vertu de la liberté, de l'égalité, de la fraternité, c'est-à-dire, en vertu de la communion, principe générateur et régénérateur du christianisme, qui resta le symbole du progrès humain. Elle s'effectua peu à peu, siècle par siècle, à mesure que l'esprit de l'Éternel se manifesta dans le temps. C'est ainsi que les sociétés passèrent tour-à-tour, de l'esclavage au servage, et du servage au fermage ; car, si l'homme cessait d'être esclave, il fallait que la terre le devînt, afin que l'humanité, en présence d'une élévation progressive indéfinissable, ne perdît pas l'emblème de sa chute originelle.

L'action la plus immédiate du christianisme fut de substituer la domination de la communauté à la domination de l'individu ; ou mieux, de renverser le patriciat pour élever l'état démocratique. Les anciens *clients,* minorité sociale, se transformèrent bientôt en majorité. Alors, seulement, ils constituèrent leur puissance réelle sous ce nom : — *Bourgeoisie,* — c'est-à-dire communion des hommes libres. Mais cette communion dut ne plus exister au XVIIIe siècle, parce que les hommes, au nom de la philosophie, voulurent soustraire à la Providence le gouvernement de l'univers. L'individu essaya d'avoir raison de la société, et la société fut dissoute en même temps que la communauté chrétienne. Les patriciens reparurent aussitôt sous le nom de riches, les clients sous le nom d'artisans, les esclaves sous le nom de pauvres. Ne reconnaît-on pas ici les trois formes distinctes que notre société a revêtues depuis la révolution française, qui se faisait pourtant au nom de l'affranchissement et de l'égalité humaine ?

Depuis lors, au rebours de toutes les civilisations, le particulier est né du général, la pauvreté de la richesse, et les peuples eux-mêmes n'ont avancé qu'en reculant. Dès que la *bourgeoisie* cessa de vivre, il n'y eut plus, en effet, que des individus sorties du peuple, c'est-à-dire de la communauté sociale. Ceux-ci, qui n'avaient possédé autrefois que les richesses mobilières de l'industrie, en héritant des dépouilles de la noblesse et du clergé, prirent possession des richesses immobilières. Cette mobilisation des propriétés *domaniales* ou *de main-morte,* accessibles désormais à toutes les fortunes particulières, fut une ère d'affranchissement pour la terre, mais une ère d'esclavage pour l'homme, qui, souverain dans l'Etat, devint le sujet de la pauvreté dans ses foyers.

La libération de la terre se fit par la division et la mobilisation ; quelques individus acquirent ce qui avait appartenu à des communautés détruites ; et l'oppression de l'homme eut lieu, sous le régime de la liberté, à cause de sa propre faiblesse, et par l'anéantissement de ces communautés, source première de toute force humaine. C'est en vain que, pour changer cet état de choses, depuis 89, toutes les propriétés de main-morte ont été livrées à la vie publique ; c'est en vain que les domaines particuliers devinrent révolutionnairement *communaux,* selon les lois d'une époque formidable qui n'en reconnaissait aucune ; c'est en vain que l'Empire confirma, dans ses codes, toutes les dispositions hostiles aux émigrés et aux anciens propriétaires de ces biens, la suppression des majorats, des substitutions et des droits d'aînesse, et, par un article spécial du droit civil qui limitait la faculté du testateur, autorisa tout héritier à réclamer sa part légitimaire d'une succession quelconque ; la situation resta toujours la même, comme pour prouver que la terreur avait pu abattre un nombre épouvantable de têtes, mais qu'elle ne pouvait pas transformer généralement la condition des personnalités.

La vente des biens des émigrés, faite au nom de la nation, livra à la circulation publique *quatre cent cinquante-deux mille lots de terre,* qui passèrent tour-à-tour entre les mains de trois millions de personnes. Aujourd'hui, après plus de cinquante années de division et de mobilisation, la propriété française est partagée en cent trente millions de parcelles, ou à peu près. qui appartiennent à environ quinze millions de propriétaires. Le reste de la population, c'est-à-dire plus de la moitié du peuple, ne tient ni au sol, ni à aucune communauté, puisqu'il n'en existe pas. On ne saurait donc apprécier exactement quelle est son adhérence avec la société symbolisée par l'individualisme. Au lieu de sonder cet abîme de toute civilisation, vide immense rempli par la misère du plus grand nombre, les économistes attiraient naguère la sollicitude des gouvernements sur la fortune des classes riches ou aisées. Suffit-il, pour la satisfaction des besoins du pauvre, qu'une législation spéciale lui reconnaisse le droit de propriété, c'est-à-dire le droit de devenir riche ? N'est-il pas dérisoire, pour ne pas dire plus, de voir des écrivains comprendre que la libération de la terre exprime un nouvel âge de la pensée humaine, et qui ne font usage de cette pensée que pour s'effrayer du morcellement des propriétés, ou mieux, de la progression du bien-être individuel ? Misérables logiciens qui voulaient prouver aux princes que le menu peuple ne doit pas jouir du droit de propriété; qui faisaient de ce principe constitutif un élément dissolvant, et déclaraient que l'aisance ou la prospérité sont deux obstacles invincibles au travail de l'homme et au développement successif des sociétés ! A coup sûr, ce n'est pas leur faute si l'égoïsme de quelques-uns n'a pas été l'unique loi du monde moral et politique.

Disons-le cependant, cette situation des classes pauvres et travailleuses a été faite par la *Constituante* qui leur livra toute la fortune du clergé et de la noblesse, les deux tiers de la richesse nationale. L'abolition des maîtrises et des jurandes, au lieu d'émanciper les classes ouvrières et bourgeoises, les avait assujéties à la misère. On avait détruit de la sorte, non seulement les bases du travail, mais les bases mêmes de la vie publique, en créant l'anarchie du marché et de l'atelier, qui marcha de front avec l'anarchie de l'Etat. Cette commotion fut si grande que les hommes de la terreur s'en épouvantèrent. La loi du *maximum* n'a pas d'autre signification; elle prouve que si la révolution avait émancipé l'industrie, elle savait au besoin la remettre en tutelle pour prévenir toute espèce d'accaparement ou de malversation commerciale. En effet, l'égoïsme des corporations, prétexte de leur anéantissement, était déjà remplacé par l'égoïsme de l'individu. Bientôt après, faute d'une industrie nationale distincte, puisque l'esprit d'association industrielle ne se manifestait plus dans cette époque, l'agiotage particulier devint l'expression d'une société constituée hors des principes éternels de ce qu'on appelait autrefois : *la marchandise.*

Le passage de l'une à l'autre de ces deux situations indique toute la période de la terreur. Nous avons dit comment, après la suppression des jurandes et des maîtrises, on vit apparaître les assemblées de *Sans-culottes*, inévitable métamorphose qui prouve que le premier droit et la destination finale de l'homme individuel, collectif de naissance, est l'association. Vainement les législateurs espérèrent-ils l'anéantir sous la *Constituante*, ils ne firent que la déplacer. Au lieu d'être commerciale, elle fut politique ; mais elle n'en exista pas moins pour avoir été détruite. L'Hôtel-de-Ville avait été dans tous les temps le directeur et le modérateur de la société industrielle; il resta également le directeur, mais il devint l'excitateur des jurandes révolutionnaires. Il n'y eut rien de changé, si ce n'est le nom et l'esprit; les jurandes s'appelèrent *clubs*, et l'Hôtel-de-Ville, ancien *Parlouer-aux-Bourgeois*, ou *Maison de la Marchandise*, s'appela : *Commune de Paris !* Quant à leur esprit, pour le connaître, il suffit de lire l'histoire de la révolution française.

Lorsqu'on eut dit aux travailleurs : il n'y a plus de communautés en fait d'industrie, et vous pouvez prétendre à tout dans la société, nul ouvrier ne voulut agir dans les limites de ses attributions ni de son activité, mais chacun voulut être homme d'état. La commune fut obligée de donner du pain, le pain de la terreur ou de la mort sociale, à ceux qui la faisaient vivre autrefois elle-même. Les membres des anciennes associations productives n'agissaient plus que pour consommer. Enfin, une grande réaction eut lieu sous le Directoire, où chacun fut, sinon ouvrier, du moins marchand en l'absence de la marchandise.

Le Consulat, première expression de l'ordre public après une si longue confusion, mit fin à cet état de choses qui transformait les salons en boutiques. Tout en conservant les nouveaux intérêts, les nouveaux principes et les nouveaux rapports nés de la révolution, il fallait restaurer les anciennes formes de la société industrielle. Napoléon comprit, en effet, cette mission du pouvoir. Sa vie entière de consul ou d'empereur n'eût d'autre but que de remplacer l'esprit de parti par l'esprit de corps; mais il comprit l'énorme danger qu'il fallait braver nécessairement si l'on voulait substituer les anciennes associations industrielles aux clubs politiques. Aussi préféra-t-il interdire aux citoyens toute espèce de réunion.

Il existait autrefois dans chaque ville une chambre de commerce instituée en vertu d'une élection générale faite par l'universalité des négociants et des marchands ; ces institutions de justice purement commerciale avaient été emportées dans le tourbillon révolutionnaire ; il s'agissait donc de les reconstituer. Une ordonnance consulaire organisa la Chambre de commerce de Paris, et ses membres furent élus par cinquante-trois électeurs seulement que le préfet avait désignés. Cette représentation dérisoire de toutes les industries ne pouvait servir que les intérêts de son petit nombre d'é-lecteurs, et non pas ceux du commerce en général.

S'il redoutait à Paris la moindre association, Napoléon n'en créa pas moins, dans plusieurs villes de province, quelques conseils de prud'hommes, premier essai d'une réorganisation générale du travail. Par son ordre, Régnault, de Saint-Jean-d'Angely, dut rédiger un projet de loi relatif à l'établissement d'un conseil de prud'hommes à Lyon, et s'exprimer en ces termes, au sein du Corps Législatif (8 mars 1806) :

« Plusieurs institutions utiles se rattachaient au régime des corporations. Les privi-léges dont elles se prévalaient, les entraves qu'elles mettaient à l'exercice de l'indus-trie, les tributs qu'elles levaient sur ceux qu'elles recevaient à l'agrégation, ont dis-paru sans retour. La liberté dans l'exercice des professions est un bienfait qui sera conservé aux Français, et elle continuera de favoriser le perfectionnement de nos arts, la restauration de nos manufactures, le rétablissement de nos rapports commer-ciaux avec l'étranger.

« Cependant, parmi les manufacturiers et les ouvriers, les artisans et leurs com-pagnons, la liberté a eu aussi sa licence qu'il a fallu réprimer : elle a encore ses abus qu'il faut détruire. Déjà, vous avez sanctionné, en germinal an XI, une loi sur les manufactures, les fabriques et les ateliers, pour y ramener l'ordre et en rétablir la police. Cette loi a établi des chambres consultatives d'arts et métiers, et créé ainsi un moyen de centraliser, de recueillir les idées utiles et de les faire parvenir au pied du trône. Elle laisse aux conceptions des hommes de l'art, à l'activité de leur imagination qui doit être mobile comme la mode, variée comme le caprice, et pourtant sage comme la calcul, toute la liberté qui leur est nécessaire dans la fabri-cation de tant d'étoffes, dont le bon goût et le perfectionnement rendent les nations voisines tributaires de nos fabriques. Elle n'enchaîne pas l'esprit dans les liens étroits de réglements inflexibles, limitant sans utilité les dimensions, le poids, le nombre de fils de la laine ou la nature de la trame des objets fabriqués. Mais elle délègue au gouvernement le droit de faire des réglements sur les produits de fabri-ques françaises ; elle lui donne aussi le moyen d'empêcher la fraude, de préserver la bonne foi des tromperies, résultats trop fréquents des calculs malentendus de quelques fabricants déloyaux ; d'imprimer aux objets qui s'exportent une espèce de sceau national, dont l'inspection seule appelle et commande la confiance. Mais la surveillance à exercer, les contraventions à réprimer, demandaient d'autres instru-ments que ceux de l'administration générale de l'empire, et même de l'administration particulière de la cité, d'autres agents que ceux de la police ordinaire. Ces fonctions exigent des connaissances que les fabricants seuls ou les chefs d'ateliers peuvent réunir. Elles exigent aussi, avec la sévérité du magistrat, une sorte de bonté pater-nelle qui tempère l'austérité du juge, permette quelquefois l'indulgence, appelle sans cesse la confiance et aide toujours à la soumission. Elles étaient exercées, avant 1789, par les juges-gardes ou syndics des communautés. S. M. a cru convenable de les confier à des prud'hommes choisis, partie dans le nombre des négociants fabri-cants, partie dans le nombre des chefs d'ateliers. L'institution de cette espèce de tribunal de famille a été invoquée par les Lyonnais ; la pensée en a semblé si heu-reuse, l'action si utile, que S. M. a cru devoir en ménager le bienfait aux autres villes industrieuses et manufacturières de son empire. Les prud'hommes juge-ront, jusqu'à soixante francs, les affaires où seront intéressés les ouvriers ; ils juge-ront sans formes et sans procédures, sans appels... Les chefs d'ateliers attachés aux conseils des prud'hommes, n'ayant souvent pour richesse que leur travail, pourront recevoir une indemnité de l'emploi qu'ils feront, pour l'utilité publique, d'un temps, qui est leur patrimoine et celui de leur famille. Une autre disposition appelle les prud'hommes à remplir, par deux visites ou inspections annuelles, des fonctions que remplissaient jadis les inspecteurs des manufactures. Ils recueilleront, dans ces tournées, des connaissances statistiques importantes sur le nombre des ouvriers, des métiers; sur les améliorations dont la fabrication est susceptible; sur les pertes, si elle en éprouvait; sur les moyens de les réparer, et sur tout ce qui peut intéresser l'ordre public et les progrès de l'industrie. »

Il résulte de ce rapport que la ville de Lyon, l'un des centres les plus importants du commerce national, avait demandé la formation d'un conseil de prud'hommes, et que Napoléon aurait voulu en constituer pareillement dans chaque ville de l'empire. Cette constitution industrielle avait pour but de régénérer l'essence de la société, puisqu'on lui donnait pour principe universel la bonne foi, garantie souveraine accordée aux fabricants ou chefs d'ateliers et aux ouvriers, aux propriétaires fonciers et aux prolétaires, aux vendeurs et aux acheteurs, à toutes personnes sujètes aux contrats particuliers qui régissent les transactions commerciales. Napoléon espéra, de la sorte, attribuer aux conseils formés de quelques négociants, les droits qui appartenaient primitivement à la *marchandise*, c'est-à-dire à toutes les corporations marchandes; il individualisait, n'osant pas généraliser. Il voyait bien, dans la pétition des Lyonnais, une disposition des travailleurs à former des associations selon la loi primordiale de la nature humaine qui appelle tout homme à vivre en société; mais les associations, éléments d'ordre et de production, n'avaient servi, dans nos discordes civiles, qu'à féconder l'anarchie; aussi Napoléon établit-il seulement les conseils de prud'hommes, dans quelques villes, parce qu'ils lui donnaient les moyens de constituer la nation industriellement et politiquement, de manière à substituer partout sa propre volonté à celle des citoyens et à nommer lui-même les magistrats anciennement élus par les suffrages populaires.

Les corporations tyranniques fondées sur le régime des maîtrises avaient été dissoutes au nom de la liberté; les associations libres furent interdites au nom du despotisme : le monopole et la tyrannie, qui appartenaient aux jurandes par droit d'usurpation, devinrent la conquête du gouvernement. Toute espèce de commerce fut assujétie à la patente; la libre circulation des grains et des marchandises, l'organisation des manufactures, l'établissement des maisons de commerce dans les Echelles du Levant, la confection des étoffes d'or et d'argent, de coton, de lin, de chanvre et de laine; l'exercice des professions de notaires, d'agents de change, courtiers, huissiers, libraires, imprimeurs, boulangers, bouchers; la formation des compagnies commerciales, industrielles et financières et des tontines; le pesage, le mesurage et le jaugeage publics; les entreprises de théâtre; en un mot, chaque branche du travail humain fut soumise à des autorisations préalables, à des réglements, à des entraves de police de toutes sortes; et cette police, exercée par des agents du gouvernement étrangers aux connaissances spéciales et mus uniquement par l'intérêt du fisc, remplacèrent les syndics élus au sein des anciennes corporations d'arts et métiers.

Telle fut l'œuvre constituante de Napoléon. Elle nous prouve qu'en fermant les clubs, il comprit la nécessité de rouvrir les corporations, seules capables de modérer l'expansion générale des citoyens. Toutefois, Paris n'eut pas même un conseil de prud'homme, car il craignait d'y voir reparaître, à la moindre convocation populaire, la formidable représentation de la Commune. Cette crainte fut si forte qu'il n'osa pas restaurer, avec les modifications indispensables, les anciennes corporations de métiers, bases primitives et finales de la bourgeoisie et de toute société. L'empereur ne put donc pas diriger ou envelopper dans le vaste réseau de sa puissance l'œuvre industrielle de son époque; mais, si l'humanité agissait hors de lui, elle n'agissait pas contre lui, car il se servit de la victoire pour l'empêcher de penser.

La situation fut telle que la première défaite de Napoléon fit triompher l'intelligence publique, en ce sens que la France reconquit la liberté de l'opinion, c'est-à-dire sa véritable force. Mais les peuples ne vivent pas seulement par les idées, ils vivent par les faits, et l'accord de ce dualisme constitue l'unité. Au lieu de faire marcher la civilisation par voies de principes, l'empereur avait voulu la conduire par voies de fait; au lieu de généraliser les travaux, il les avait individualisés; au lieu de restaurer les associations universelles, il avait excommunié les travailleurs, qui étaient en dehors de la religion sociale. La patrie, en quelque sorte, n'existait pas pour eux, puisqu'ils étaient morts à la communauté. Aussi, lorsque les alliés, à l'époque de l'invasion, parurent sous les murs de Paris, ils n'y trouvèrent point cette résistance du peuple,

qui fut si grande contre Henri IV, durant la *ligue*. Hâtons-nous de le dire : si la famille des travailleurs eût été constituée, si les associations industrielles eussent été formées, elles auraient engendré l'esprit public et le fanatisme national, sources fécondes et éternelles de l'héroïsme populaire ; et la patrie n'aurait pas subi le joug de l'étranger ; mais les marchands, les artisans et les ouvriers, répétons-le, étaient morts à la communauté : ils ne pouvaient donc pas se montrer, puisque la mort est une dissolution et non une manifestation.

Cette situation sans exemple dans l'histoire humaine produisit le gouvernement de la restauration. Ce mot *restauration*, adopté par les Bourbons, semblait annoncer une transformation sociale. Il n'en fut rien cependant On n'osa point confier aux corporations industrielles ou commerciales le dépôt des traditions, le principe du progrès, la science et les arts, toutes les facultés humaines selon la capacité de tous, et relever enfin, après la chute de Napoléon, les institutions qui, si elles eussent existé, l'auraient empêché de tomber. Or, rien de cela ne se fit. Les Bourbons ne comprirent pas le sens général de leur autorité ni les besoins de la société qu'ils devaient représenter. Pour être législateurs et restaurateurs, dans la véritable acception du mot, il fallait qu'ils constituassent la vie publique sur l'organisation des métiers et de l'industrie par communautés ; mais ils laissèrent, au contraire, les individus se grouper entre eux, et, par conséquent, contre eux. C'est ainsi que l'esprit de la restauration, devenu révolutionnaire et républicain par la faute de la royauté, se résuma dans plusieurs associations secrètes dont le vaste réseau enveloppa toute la nation. Il en résulta que les travailleurs, vivant hors du droit traditionnel dans l'industrie, rejetèrent ce droit hors de l'État, après trois grandes journées de combats et de luttes. La révolution de juillet n'avait pas d'autre signification : elle marquait une époque de fin et une époque de renouvellement.

On le sait pourtant, rien de nouveau ne fut réalisé au profit des travailleurs ; la situation intérieure de la France ne changea point, quoiqu'un article spécial de la Charte eût dit : *Il sera pourvu successivement, par des lois séparées et dans le plus court délai possible, à des institutions départementales et municipales sur un système électif.* La législation du 19 mars et du 21 avril 1832 a réorganisé les conseils municipaux, les conseils d'arrondissement et les conseils généraux, et celle du 21 avril 1834 déclara que la ville de Paris, autrefois si riche en priviléges, ne devait pas être exclue du droit commun.

Malgré cette loi, qui confiait l'administration de la capitale à un corps électif composé de ses principaux habitants, l'arbitraire régna presque sans conteste. Là où s'exerçait jadis la direction civile et industrielle de la prévôté des marchands par l'unité, on voyait la double constitution de Paris et du département, représentée pa le préfet de police et par le préfet de la Seine : le premier agissant à la fois dans la cité, dans le département et au sein même du gouvernement politique ; le second exploitant potentiellement toutes les branches de l'économie municipale et transmettant ses ordres à douze maires nominaux qui correspondent aux douze arrondissements de Paris. Ces maires, dont le titre réveille, pour ainsi dire, une idée de puissance suprême dans l'ordre civil, n'exercent pas même les attributions restreintes dont jouissaient autrefois les *quarteniers*, au nombre de seize, selon le partage des quartiers de la ville, sous la constitution exprimée par le prévôt des marchands. Que conclure de tout cela ? Ne faut-il pas s'écrier avec un philosophe : — *L'établissement d'une société civile dans laquelle la liberté, soumise aux lois, serait unie dans la plus grande latitude possible, à une force publique irrésistible, c'est à-dire, en un mot, l'érection d'une parfaite et légitime constitution civile, est le problème le plus important que la nature ait offert aux hommes à résoudre, l'établissement d'une société civile générale qui maintienne le droit* (1) ?

En parlant ainsi, Kant ne réclame pas seulement pour le genre humain un droit particulier, mais bien un droit universel. C'est là, sans doute, le vrai sens de l'avenir social. La législation d'avril 1832 a pour but de rendre à l'Hôtel-de-Ville de Paris

_____

(1) Kant... *idée de ce que pourrait être une histoire universelle dans les vues d'un citoyen du monde.*

une signification qu'il n'aurait jamais dû perdre. Le jour où cette législation n'au"
rait pas été un principe illusoire, mais bien une réalité, les Parisiens eussent parti-
cipé, en plus ou moins grand nombre, au droit électoral. Et alors, que serait devenu
le tribunal du commerce dont le siége était primitivement à la *Maison de la Marchandise ?* Que serait devenue cette chambre du commerce elle-même, qui se renou-
velait tous les ans par tiers et qui était élue seulement par quatre-vingts négociants, dont quinze faisaient partie de la chambre, vingt-cinq du tribunal, et dont les
autres étaient choisis par ces deux assemblées sur la liste des notables dressée au
greffe du préfet de la Seine et du préfet de police ? Est-ce là ce qu'on appelle une
élection ; est-ce là ce qu'on appelle une représentation du commerce de Paris, le
centre de consommation matérielle et de production intellectuelle le plus important du monde ?

Tous les négociants protestèrent contre cette organisation ; il n'y eut qu'une voix
générale pour demander son anéantissement, mais trois partis divers désirèrent la
reconstituer sur d'autres principes. Les uns proclamèrent le suffrage universel ;
les autres, au contraire, n'admirent au nombre des électeurs que les négociants patentés de la première et de la seconde classe ; les derniers enfin voulurent que les
notables industriels, déjà investis du droit d'élire les juges consulaires, fussent seuls
chargés de nommer les membres de la chambre du commerce. Aucun de ces systèmes ne nous paraît légitime. A quoi bon réunir dans une même assemblée électo-
rale, quel qu'en soit d'ailleurs le nombre, des hommes de professions différentes
pour remplir cette chambre ? Le fabricant de lampisterie saura-t-il ce qui est nécessaire à l'industrie des bronzes ; le marbrier comprendra-t-il les besoins du commerce des produits chimiques? Evidemment non. Il ne peut donc y avoir qu'un
seul moyen de faire concorder, au sein de cette représentation générale, tant d'éléments disparates : chaque profession devrait y compter un représentant ; mais, pour
que les élections s'effectuassent de la sorte, il faudrait restaurer et mettre à neuf la
vieille constitution corporative de l'industrie nationale. C'est là que viennent aboutir,
en effet, toutes les questions de la sociabilité moderne.

Nous l'avons dit souvent et nous avons encore besoin de le répéter : la non-
existence des corporations commerciales reconnues, surveillées et protégées par le gouvernement, implique toujours dans l'État l'existence de sociétés politiques ou révolutionnaires. Il n'est pas donné aux législateurs de tuer le principe d'association,
car ils détruiraient la grande famille humaine. Leurs décrets ne font que transformer
ce principe ; au lieu de le rendre évident, ils le rendent secret, voilà tout. Mais alors
le véritable esprit social se dénature ; de conservateur qu'il était auparavant, il devient destructeur, et forme un centre de réaction formidable où il arbore soit le drapeau des *communistes,* soit celui des *travailleurs égalitaires.* C'est de là que sortent
les opinions des protestants politiques, problèmes qu'ils veulent résoudre par des
voies de fait, en armant les classes pauvres contre les classes riches, et le prolétariat
contre la propriété nationale. Si nulle réformation, autre que celle de l'institution
des prud'hommes où ne figurent que des chefs d'ateliers et des contre-maîtres ou
ouvriers patentés, aux termes de la loi du 27 décembre 1844 ; si nulle réformation
n'est proclamée et réalisée dans ce pays où l'on ne voit que des hommes isolés et
par conséquent ennemis, car les uns possèdent la richesse et tous les droits de liberté que la richesse consacre, et les autres, c'est-à-dire le plus grand nombre, ne
possèdent que la pauvreté, c'est-à-dire le néant, puisqu'elle donne un titre à l'esclavage ; si aucune loi nouvelle ne détruit pas cet antagonisme des hommes entre eux
pour les faire vivre en communion, peut-on croire que la société individualisée et
prétendue générale, puisse longtemps exister entre une coalition d'ouvriers qui finit
et une sédition qui commence ?

Il n'y a que deux moyens de sociabilité, la communion universelle, par la foi ou
par l'amour ; l'individualisme, par la terreur. Or, nous vivons en pleine désorgani-
sation morale, parce que nos législateurs modernes ont voulu constituer la société
par l'éparpillement humain. Nous sommes donc, il faut bien se l'avouer, sous l'empire de la terreur ; et voilà ce qui donne la force aux séditieux. Cette force émane
d'un principe juste et nécessaire dont ils voudraient se servir, peut-être, pour accomplir d'effroyables iniquités ; mais aussi quels exemples n'ont-ils pas sans cesse

. devant eux ! N'est-on pas habitué, selon les termes admis par notre époque, à recon-
. naître l'excellence de tous les moyens possibles si leurs résultats sont favorables ?
N'a-t-on pas contracté la monstrueuse habitude d'apprécier l'intérêt des hommes
sous un rapport purement particulier, et d'ériger, par suite, sa propre fortune sur
la misère publique? Enfin, et ce dernier trait suffira pour compléter la physionomie
générale de notre civilisation, n'a-t-on pas donné à l'industrie, qui se développait
autrefois sous l'influence de ces deux principes, la bonne foi et la prospérité commune, ces deux éléments corrupteurs, la mauvaise foi et la banqueroute?

Si la plupart de nos ateliers sont vides ou à peu près, en revanche, les déclarations
de faillites remplissent tous nos greffes ; nos ouvriers manquent de pain, mais nos
banquiers ne savent où employer les énormes capitaux dont ils disposent. La satyre
publique s'est vainement exercée contre certains hommes, honnêtes d'ailleurs, malgré leur infâme cupidité, puisqu'ils n'ont commis aucun délit prévu par la loi, et dont
le type restera comme l'expression vivante d'une situation morale et industrielle sans
exemple dans l'histoire universelle.

Les pages qui précèdent sont écrites depuis six ans : nous n'avons dû rien y changer, parce qu'elles représentent tout une phase de notre existence sociale et politique.
L'action fatale d'une royauté corruptrice ne favorisait que la prédominance des intérêts matériels, servant de base à l'oligarchie financière. Isolés, avides et méfiants, les
capitalistes ou banquiers ne pouvaient agir d'une manière profitable à la masse des
travailleurs, car nul principe général ne dirige leurs efforts. Aussi, le commerce,
professé partout sous leur influence et individualisé depuis l'abolition des jurandes,
n'est-il plus qu'une guerre incessante, organisée ville contre ville, atelier contre atelier, sous le drapeau de la concurrence. Le moyen, après cela, d'établir un équilibre
entre la production et la consommation ?

. Tout s'en allait ainsi, de l'individu à l'individu, rien d'un corps à l'Etat. Quelques citoyens honnêtes se réunirent pour demander une réforme politique : mais
l'heure de la réforme sociale allait sonner. Le pouvoir corrupteur tressaillit en
présence de cette association inouïe, toute formée d'honnêtes citoyens ; car il
n'avait jamais songé qu'à asservir la multitude, en s'emparant des individualités :
la lutte commençait par l'intelligence, elle allait finir par une voie de fait.

Ce qui avait été prédit, arriva : la personnalité princière croyait exprimer la nation,
elle n'exprimait que son égoïsme. La personnalité royale avait bien enfanté quelques
courtisans particuliers, mais pas une seule association positive, pas une seule géné-
ralisation morale Au lieu de déterminer les formes de la société nouvelle en créant
des corporations d'arts et métiers, les Bourbons de la branche cadette, comme ceux
de la branche aînée, laissèrent les associations politiques, centres de protestation, se
former elles-mêmes ; aussi, lorsque Louis-Philippe, attaqué dans son pouvoir,
voulut, en quelque sorte, mettre Paris hors la loi, il se trouvait lui-même hors l'esprit public. Les ouvriers qu'il n'avait pas réunis au sein de l'association industrielle,
se groupèrent, pour le renverser, au sein d'une communauté politique. Il est vrai
qu'en désertant leurs ateliers le jour où l'on proclama la déchéance de la royauté, ils
demandèrent eux-mêmes la réorganisation du travail, et procédèrent, par un désordre sublime, pour arriver ainsi à la restauration de l'ordre public et au triomphe
de l'équité sociale.

CHAPITRE V.

Organisation générale du travail par des associations libres de chaque industrie.

Diophante établit autrefois à Athènes que les artisans seraient esclaves du public (1). Les nombreux systèmes des économistes modernes tombent devant ce
principe qui les résume tous. Saint-Simon, Owen et Fourier, préoccupés de l'importance du travail de l'homme dans la société, ont conçu différents projets pour
réorganiser l'industrie. Le premier demande l'anéantissement du droit d'hérédité,
oubliant sans doute qu'on ne fonde jamais en détruisant ; le second demande le nivel-

---

(1) Aristote : *Politique,* chapitre VII.

lement égalitaire, en proclamant la *loi agraire* du commerce ; le troisième, enfin, demande l'association pure et simple. Louis Blanc a présenté cette triple doctrine dans un même plan et créé ainsi un nouvel éclectisme de l'économie politique. Organe du droit commun vis-à-vis d'une société constituée par le monopole, il veut remplacer la concurrence d'un petit nombre par la solidarité de toutes les industries, substituer aux fabriques particulières une association universelle des travailleurs réunis dans des *ateliers sociaux*, où les bénéfices de l'exploitation générale seront également répartis entre les ouvriers, et supprimer de la sorte les successions collatérales, puisqu'au lieu de familles, il n'y aura plus, dans l'Etat, selon sa pensée, que divers groupes industriels.

Pour réfuter ces doctrines, quel que soit d'ailleurs le talent avec lequel elles sont présentées, il suffit de les énoncer. S'il appartenait à l'homme de briser les liens du sang et de la famille, qui donc pourrait renouer ceux du patriotisme, principe providentiel qui a ses racines dans la propriété ? Par la famille, en effet, vous expliquez la patrie ; présentez la première comme une fiction, et la réalité de la seconde disparaît. Enlevez-moi mon père, je ne vois plus l'humanité ; enlevez-moi ma mère, je ne crois plus en Dieu !

De ces tendances diverses, il résulte cependant un grand progrès, car il exprime l'esprit général de notre époque. Les économistes peuvent différer de principes, selon leurs préoccupations personnelles vis-à-vis de la société politique, mais tous veulent atteindre le même but, c'est-à-dire donner une direction universelle à l'industrie, rétablir l'équilibre entre la production et la consommation, garantir la capacité et la loyauté de chaque travailleur dans l'exercice de sa profession ; déterminer enfin les rapports toujours vivants de l'Etat qui commande et de l'individu qui obéit ; car le développement harmonique de toutes les forces et de toutes les facultés humaines constitue le bien-être universel et la condition suprême de civilisation.

Mais, pour que cette doctrine, légitime par toutes ses tendances, le soit également par ses principes, il ne faut pas, selon les belles paroles de Lamartine, il ne faut pas que l'organisation industrielle projetée, « consiste à s'emparer, au nom de l'Etat, « de la propriété et de la souveraineté des industries et du travail, à supprimer « tout libre arbitre dans les citoyens qui possèdent, qui vendent, qui achètent, qui « consomment ; à créer ou distribuer arbitrairement les produits, à établir des *maxi-* « *mum*, à régler les salaires à substituer tout l'Etat propriétaire aux citoyens dépos- « sédés. » Il devient indispensable, au contraire, de relier, dès à présent, l'avenir au passé. Le droit traditionnel doit donc exister dans la famille ainsi que dans l'association commerciale. L'héritage paternel promet aux travailleurs une progression future de moralité, réalisée par l'esprit d'ordre, de charité, de communion, et les arrache des mains de tel ou tel parti pour les mettre au service de l'humanité.

Ce n'est pas tout que de renverser, il faut reconstruire. Vous avez détruit, il y a plus de cinquante ans, les fiefs féodaux, les majorats, les propriétés de main-morte et les autres institutions foncières qui semblaient protester, par leur immobilité, contre le mouvement progressif de l'industrie et de la civilisation, et cependant, quoi que vous ayez fait par le principe de liberté absolue en matière de commerce, vous n'avez pu affranchir l'ouvrier, qui est encore dans la condition de servage. Qu'importe, en effet, au travailleur d'être indépendant vis-à-vis de la société, s'il est esclave d'un individu ? Et voilà ce que l'on voit dans nos villes populeuses où les instruments de travail, immobilisés entre les mains d'un petit nombre de propriétaires, à cause de l'encombrement des produits, réduisent les prolétaires à mourir de misère et d'inaction, faute de pouvoir vivre dans le droit commun, action de tous concurremment dirigée par l'association industrielle que nous demandons, c'est-à-dire, par ses représentants légitimes et libres.

Arrêtons-nous un instant sur cette situation formidable de nos grandes cités commerçantes. L'industrie y a pris, de nos jours, la forme qu'avait autrefois la terre ; elle y est devenue une propriété de main-morte, qui peut faire vivre à peine quelques hommes privilégiés. Qu'on aille à Rouen ou à Lyon, par exemple, on y verra, dans toute son horreur, le paupérisme qui transforme les humains en je ne sais quoi qui a reçu un nom parmi le peuple et qu'on appelle *race des canuts* ! Ces serfs de l'industrie moderne meurent de faim dans les rues ; car, jeunes et flétris avant l'âge, ne pouvant plus tenir un fusil parce qu'ils ont perdu leurs forces en dirigeant un instrument de travail, ils n'ont pas même la ressource de vivre dans l'État, ni de contracter un engagement militaire. Affranchis de la conscription; par suite de leur propre dégénérescence, ne sont-ils .pas mille fois plus malheureux que les esclaves des civilisations antiques ? En ces temps-là, l'ouvrier était privé de sa liberté, mais il ne manquait pas de nourriture : son propriétaire la lui devait. Maintenant l'ouvrier est libre, même vis-à-vis de son maître. qui lui donne un salaire quotidien. Mais ce salaire lui suffit-il pour vivre ? Peu importe au maître qui paie l'ouvrier proportionnellement à l'intérêt qu'il lui rapporte et qui le renvoie dès que ses bras s'affaiblissent de lassitude et de vieillesse, ou bien, dès qu'une machine, instrument matériel, l'emporte sur son activité intelligente ! Et alors, que devient-il ? Peut-il rester chez lui? il n'a pas d'asile. Peut-il mendier sa subsistance ? la loi punit les vagabonds. Mais l'ouvrier est homme enfin, et à ce titre, il a besoin de chercher un morceau de pain et une place au soleil, quitte à la disputer contre tous.

Qu'on y réfléchisse !!!

Une des plus fortes têtes qui aient abordé les problèmes de la pensée humaine et de la société, Leibnitz, disait déjà, vers la fin du XVIIe siècle : « Je suis disposé à rendre justice aux modernes ; mais ils ont porté la réforme trop loin. Ils ne distinguent plus ce qu'il n'est pas permis de confondre. Fiers des machines qu'ils ont inventées, ils n'ont même plus une assez grande idée de la majesté de la nature. » Qu'aurait dit-ce grand philosophe s'il eût entendu certains économistes définir les travailleurs ainsi qu'il suit : « Un ouvrier n'est autre chose qu'*un capital fixe*, accumulé par le pays qui l'a entretenu tout le temps nécessaire à son apprentissage et à l'entier développement de ses forces. Par rapport à la production de la richesse, on doit le considérer *comme une machine* à la construction de laquelle on a employé un capital qui commence à être remboursé et à payer intérêt, du moment où elle devient par l'industrie un utile auxiliaire. Les utilités que cet ouvrier procure par son travail lui sont moins profitables qu'à celui qui l'emploie, de même qu'une machine est moins profitable à celui qui l'a construite qu'à ceux qui s'en servent moyennant une rente ou une location que perçoit le propriétaire (1). »

Cette philosophie de la matière, qui caractérise le véritable esprit du XVIIIe siècle, a dominé jusqu'à nos jours, grâce à l'incurie de nos législateurs, trop préoccupés des questions d'hommes pour résoudre des questions humaines. Mais, puisqu'on a laissé triompher une semblable doctrine, et la machine remplacer l'individu social, peut-on s'étonner des réactions populaires? Ceci nous explique assez pourquoi l'on vit un jour se déployer, dans la ville de Lyon, un drapeau sur lequel l'ouvrier mit cette sublime et lugubre inscription : *Vivre en travaillant ou mourir en combattant !*

Victor Hugo l'a dit avec autant de raison que d'énergie : « Les intervalles qui séparent ces grandes et, disons-le, ces fécondes, quoique douloureuses catastrophes, ne sont autre chose que la mesure de la patience humaine marquée par la Providence dans l'histoire. Ce sont des chiffres posés là pour aider à la solution de ce sombre problème : Combien de temps une portion de l'humanité peut-elle supporter le froid? Combien de temps une portion de la société peut-elle supporter la faim? (2) »

Ainsi deshérités de la fortune publique et disséminés dans nos villes, comment veut-on que les ouvriers puissent résister aux excitations des partis, ou bien à l'influence de certains hommes qui ne cherchent, dans l'ordre social, qu'un prétexte de bouleversement ? Ceux-ci les réunissent en associations secrètes et promettent à ces élus du paupérisme, *l'égalité des travaux, des jouissances matérielles et des droits politiques* ; en un mot, les avantages de la richesse. *Vous produisez tout*, leur dit-on, *donc vous avez droit à tout. Que possédez-vous? rien. Comptez-vous donc; n'êtes-vous pas cent contre un?*

---

(1) Florez Estrada, *Cours éclectique d'économie politique*, tome 1 ,chap. 14. page 365.

(2) *Le Rhin*, conclusion, tome 2, page 530.

En vérité, l'existence de notre société, depuis plus de cinquante ans, toujours près de périr et toujours vivante, est le plus grand phénomène que Dieu ait donné en spectacle aux nations !

Il n'y a qu'un moyen de soustraire l'individu à l'action individuelle toujours fatale quand elle n'a pas son principe dans la généralité, c'est de le placer lui-même en pleine association, c'est de restaurer le dogme essentiel de la sociabilité, c'est d'appeler les classes ouvrières à la liberté, à l'organisation, à l'industrie, à la communauté. Nous réclamons des institutions nouvelles, *non par opinion, mais, comme disait Montaigne, parce que l'excellente et meilleure police est à chascune nation celle soubs laquelle elle s'est maintenue* (1).

Nous l'avouons franchement, on ne trouvera point dans notre ouvrage un type idéal de constitution ; il nous a semblé qu'il valait mieux s'appuyer sur l'autorité universelle du genre humain que sur les utopistes de notre époque, et passer pour plagiaire que pour absurde. Sous ce rapport, on ne trouvera rien de nouveau dans ce livre ; par le temps qui court, ce sera peut-être une originalité.

Au reste, les hommes vivent aujourd'hui dans un abaissement tel que nous devons chercher, non pas ce qui est le plus élevé, mais uniquement ce qui est le plus utile. Jusqu'ici, les gouvernements eux-mêmes, au lieu d'exprimer tous les principes généreux du siècle, semblaient avoir horreur de la pensée ; ils aimaient seulement ce qui fait le mieux vivre. Or, nous allons démontrer que l'organisation du travail par des associations libres de chaque industrie, est aussi nécessaire à la sécurité publique et à l'ordre, qu'au bien-être-universel.

Les circonstances au milieu desquelles nous vivons sont si graves que, sous peine d'assumer sur sa tête une culpabilité immense, tout homme, n'existant que pour la vérité, doit la faire entendre aux peuples comme aux rois ; autrement, dit Jean-Paul, *les dents grimaceraient derrière les lèvres muettes.* N'est-il pas vrai qu'il y aura toujours dans la société des apprentis, des ouvriers, des compagnons et des chefs d'ateliers ? N'est-il pas vrai que le sacrifice de l'individu est nécessaire aux progrès de l'humanité ? N'est-il pas vrai que les traditions, les actes, les découvertes, les vertus et même les vices des hommes qui ont paru dans le passé ou qui existent dans le présent, sont ou seront utiles aux développements ultérieurs de la civilisation ? En un mot, n'est-il pas vrai que l'activité féconde des âges passés ne se résumera point dans la passivité stérile de l'époque actuelle ? Mais alors il devient nécessaire, et je dirai même indispensable, de fixer les rapports des apprentis, des ouvriers, des compagnons et des chefs d'ateliers entre eux et à l'égard de la société, de substituer le dévouement humain à l'égoïsme particulier, d'ouvrir aux peuples une ère nouvelle de progrès, par l'alliance de l'esprit contemporain avec celui de tous les siècles, et de diriger son activité selon les lois mystérieuses de l'univers, dont l'ensemble forme la charte de Dieu. Tant que cette réalisation n'aura pas été faite, il ne saurait y avoir d'unité dans les sociétés politiques, et, par conséquent, il s'y élèvera des partis secrets, puisque la direction des hommes n'appartiendra pas à leurs chefs avoués. *Il faut un gouvernement universel,* dit Kant, *ou il n'y en a point de solides.*

Pour obtenir ce caractère d'universalité, le pouvoir, quel qu'il soit, — les questions de formes ne sont rien pour nous, parce qu'elles sont mobiles comme les opinions ou les idées individuelles, — doit exprimer tous les côtés de la civilisation. Il ne divisera donc pas pour dominer, mais il résumera. Quand il verra un avocat, par exemple, il ne verra pas l'avocat en particulier, mais l'ordre entier des avocats, ce ne sera pas l'homme isolé, mais bien la société.

Nous avons cité l'ordre des avocats, et nous aurions pu mentionner ceux des avoués, des notaires et des huissiers, seules corporations qui aient échappé à l'action dissolvante de l'individualisme. Nous ne chercherons pas la raison métaphysique de ce fait ; il nous suffira de constater ici que les hommes, chargés d'interpréter les lois humaines, ont conservé le type primitif de la constitution sociale.

Ne croyez pas que ces corporations soient les seuls restes de notre ancien régime ; en voici d'autres qui se sont perpétués dans le nouveau, parce qu'ils doivent être

-----

(1) *Essais. Livre III*, chapitre IX.

contemporains de tous les siècles. Les fonctions que l'ordre des avocats remplit parmi les classes intellectuelles, l'association des *Compagnons du devoir* les exerce parmi les travailleurs. Dans ce groupe d'hommes et de métiers, une fraternelle union fait profiter chaque ouvrier des ressources de tous, et une hiérarchie savante classe chacun selon sa capacité en distribuant les compagnons dans les divers ateliers, proportionnellement aux besoins de l'industrie.

Cette association, telle qu'elle est, n'est-elle pas le symbole de la forme que doivent revêtir toutes les classes actives dans le commerce ou dans l'intelligence? Cette organisation ne résume-t-elle pas les idées centrales autour desquelles gravitent les faits et les hommes eux-mêmes? S'agit-il ici d'autre chose que de déterminer par la capacité personnelle ou privée, le degré d'importance sociale de l'individu? Or, pourra-t-on le distinguer ailleurs que dans la communauté où l'on fixe l'art, la science et l'habileté nécessaires pour devenir chef d'atelier ou pour obtenir le grade de docteur? N'est-ce pas, en dernière analyse, l'unique moyen de faire harmoniser le développement des facultés morales et celui des facultés matérielles, c'est-à-dire toutes les forces de l'humanité?

Le savant Domat, dans son excellent *Traité du droit public*, s'exprime en ces termes : « Il importe à l'Etat que ceux qui exercent une profession aient les con-
« naissances qu'elle exige. La bonne qualité des matières, la manière de les employer,
« la fidélité dans les poids et mesures, importent au commerce ; mais tout cela tient
« à une foule de petits détails, et surtout à une surveillance tellement continuelle,
« que les gouvernements ont senti que le mieux était de confier cette surveillance à
« des hommes du même art et de la même profession, ayant l'amour de leur état,
« et dont la probité, depuis longtemps éprouvée, ne souffrirait pas dans les autres
« ce qu'ils auraient rougi de se permettre à eux-mêmes. »

Pour atteindre ce but si moral et si utile à l'industrie nationale, une seule voie est ouverte : l'association fondée sur la liberté, l'égalité, la fraternité, trois modes divers de notre unité sociale. Dans cette organisation du travail humain, les chefs d'ateliers, de même que les ouvriers, doivent former des corporations distinctes, de telle sorte que chaque profession ait une communauté séparée, mais dont l'existence collective soit confondue avec celle de toutes les autres communautés, au point de vue général. La constitution de ces communautés doit être facultative et non obligatoire, car il importe surtout que la liberté individuelle soit respectée, sous l'empire de notre nouveau droit public, qui proclame la liberté universelle. Mais nos législateurs sauront y attacher des droits civils et politiques tels que l'égoïsme ne résitera pas à une légitime ambition.

Les communautés ou associations ainsi constituées dans le monde des travailleurs, les chefs d'ateliers d'une part, et les ouvriers de l'autre, viendront y discuter eux-mêmes leurs intérêts réciproques ; les hommes habiles et savants de chaque industrie en dicteront eux-mêmes l'organisation particulière, car le moindre ouvrier est plus instruit de ce qui intéresse sa profession que le plus savant de nos économistes : d'ailleurs, *il n'appartient qu'à ceux qui s'associent de régler les conditions de la société.* (J.-J. Rousseau. *Contrat social.* Chapitre IV : *De la loi.*) Que tous les chefs d'ateliers et tous les ouvriers de chaque profession se réunissent et rédigent ce qu'on appelait autrefois des *cahiers,* où ils inscriront librement, également et fraternellement, en leur réunion particulière, les besoins généraux de leur industrie. Il est surtout nécessaire aux ouvriers de former sur-le-champ de pareilles réunions à l'effet d'arrêter l'émulation ruineuse et inhumaine des fabricants, dont l'unique sollicitude a été de réduire au plus bas prix possible la main-d'œuvre, afin de soutenir la concurrence qu'ils se font entre eux. De là est née cette servitude hideuse du monde industriel, cette exploitation de l'un par l'autre, désignée sous le nom de *marchandage ;* joug fatal qui a pesé et qui pèse encore sur nous tous, ouvriers et penseurs, car, les hauts barons du travail ont eu besoin d'entremetteurs avides pour que leur fortune frauduleuse ne se trouvât pas en contact direct avec la misère.

Or, les cahiers des ouvriers, ainsi que ceux des fabricants, devront servir de base à l'organisation du travail que l'Assemblée Nationale va être appelée à édifier sur les ruines du monopole et de l'individualisme. Dans cette vaste constitution, il sera juste de voir figurer un syndicat chargé de représenter chaque profession, au sein de la société générale; de surveiller officiellement l'éducation des apprentis, dans le ressort de chaque groupe industriel; de juger tous les différends des fabricants entre eux, ou les différends des chefs d'ateliers avec les ouvriers, afin que le moindre oubli des lois de l'humanité de la part du premier envers le dernier, soit frappé d'une réprotion générale et flétri par le stigmate du déshonneur; de veiller à l'exécution de la loi constitutive librement consentie, et à la distribution des secours accordés aux travailleurs pauvres et nécessiteux, sur la caisse de la communauté, qu'alimenteront les versements pécuniaires et fixes de tous les associés; de blâmer, de condamner à une amende quelconque, et même au besoin d'exclure de l'association, tel fabricant ou chef d'atelier qui, par une production mauvaise ou quelque autre délit commis, soit envers les ouvriers, soit envers les acheteurs, compromettrait les intérêts moraux ou matériels de tout une industrie.

Un homme dont le nom est d'un grand poids dans la balance des intérêts communs, considérés au point de vue du progrès social par l'amélioration matérielle et morale du plus grand nombre, M. F. de La Farelle déclarait, il y a dix ans, que *la grande difficulté pratique de ces applications consiste à concilier le principe d'association avec cette liberté presque indéfinie du travail et de la production exigée par nos idées politiques du jour, et jusqu'à un certain point par nos mœurs nouvelles.*

M. de La Farelle publiait son livre en même temps que Louis Blanc préparait le sien, c'est-à-dire à une époque où le monopole était la loi commune, où des peines sévères interdisaient toute réunion d'ouvriers et d'artisans, et où un avocat de l'humanité, M. Ferdinand Béchard s'écriait dans son *Essai sur la centralisation :*
« Tout est combiné dans l'ordre actuel de manière à mettre les classes ouvrières
« a la merci des fabricants, et les fabricants enx-mêmes à la merci des agioteurs ;
« de sorte que tout le poids de ces tyrannies retombe en définitive sur le malheu-
« reux prolétaire. L'humanité et les mœurs publiques réclament avec une égale
« force contre le régime intérieur de la plupart des ateliers. Des populations entas-
« sées sans distinction d'âge ni de sexe y respirent un air méphytique, courbées
« pendant la journée entière, quelquefois même pendant la nuit, sous le poids d'un
« travail pénible et mal rétribué. Le temps approche où les contre-maîtres, armés
« de fouets comme en Angleterre, pourront traiter en vrais esclaves nos populations
« d'ouvriers, et les ravaler à la condition des populaces de la Chine et de l'Indostan,
« si toutefois, ce qu'à Dieu ne plaise, ces populations, poussées à bout par la souf-
« france, ne brisent par un effort soudain les chaînes qui les enlacent, et ne deman-
« ent compte à la société des torts du législateur. »

Rien de tout cela n'est arrivé, parce que les ouvriers savent distinguer le juste de l'injuste. *Dieu n'efface que pour écrire,* a dit un grand philosophe ; aussi n'a-t-il renversé qu'un homme-roi pour sauver la société humaine, au nom de la liberté, de l'égalité, de la fraternité, c'est-à-dire pour restaurer les vrais principes sociaux qui constituent la famille universelle. Dès que ces principes auront été réalisés dans le monde par l'organisation du travail, telle que nous la désirons, les syndics élus par l'universalité des suffrages, au sein de chaque communauté, formeront le jury des travailleurs. Leurs jugements, relatifs aux contestations qui pourraient survenir entre les compagnons et les chefs d'ateliers, n'empêcheront-ils point les coalitions d'ouvriers? Premier motif de sécurité pour l'État. Lorsque l'activité universelle sera ainsi réglée, ne sera-t-il pas plus facile que jamais d'établir une balance entre la production et la consommation, et de fonder des *Caisses de prévoyance* ou tout autre système de cotisation destiné à l'allégement des souffrances durant les crises ? Mais alors n'aura-t-on pas résolu, autant que possible, le formidable problème du paupérisme qui menace nos sociétés modernes? Autre motif de sécurité pour l'Etat, puisqu'on aura émancipé les classes pauvres vis-à-vis des classes riches, en résumant le désastre de l'ancien prolétaire dans la prospérité générale d'une grande nation manufacturière et libre.

L'application de ces principes est d'autant plus facile et leurs conséquences d'autant plus certaines, que c'est la pratique même qui les a dictés. Ouvrez, par exemple, une brochure sur les *Sociétés de bienfaisance mutuelle de Grenoble,* excellent travail que M. Cerfberr, rédacteur en chef du *Courrier de l'Isère,* publiait en 1836, vous y verrez tous les corps d'états de la ville de Grenoble réunis au sein de ces associations philanthropiques et charitables dont l'origine remonte jusqu'en 1803 : Les unes sont particulières à un seul métier ; les autres, au contraire, comprennent plusieurs corps d'états différents ; la plus générale renferme tous les ouvriers trop peu nombreux pour se réunir en une association distincte : elle s'intitule *Société des Arts et Métiers*. Toutes ces communautés ont, du reste, la même organisation et le même mode de cotisation et de distribution de secours. Elles furent instituées par de simples ouvriers dont le gros bon sens et l'esprit civilisateur protestèrent ainsi contre l'individualisme qui domine le monde.

On le voit, des associations particulières existent déjà ; il ne s'agit plus que de les rendre générales, universelles, et nous reprendrons alors la haute position commerciale que nous avons perdue en Europe. Grâce à l'organisation du travail par groupes sociaux, l'ancienne France enrichissait l'univers continental des produits de ses manufactures, et couvrait de ses pavillons les mers de la Chine et de l'Indostan, alors que l'Angleterre existait à peine comme puissance. Chose remarquable ! tandis que les économistes essayaient de faire triompher, dans notre société, les doctrines de l'individualisme, l'Angleterre embrassait le système des grandes compagnies qui perfectionnèrent ses procédés mécaniques, donnèrent un essor prodigieux à ses innombrables manufactures, conquirent les mers à son pavillon, et rendirent tous les peuples tributaires de son commerce et de son industrie, au détriment de notre prospérité nationale. Disons-le donc bien hautement ; le principe d'association, mis en harmonie avec les idées de liberté, d'égalité et de fraternité, centuplera nos richesses commerciales peu de temps après qu'il aura été réalisé par nos législateurs nouveaux. Le sort des ouvriers s'améliorera dans les mêmes proportions. Qu'ils attendent, avec le calme et la dignité qui conviennent aux hommes libres, la législation de la prochaine Assembée nationale. L'ébranlement profond que la révolution vient de produire dans toutes les couches de la société, diminuera, pendant quelque temps, la consommation, et, par suite, le travail ; qu'ils n'augmentent pas cette crise par des exigences intempestives, telles que l'élévation du prix et la réduction des heures de la journée ; avant tout, il faut être sûr de pouvoir être employé. D'ailleurs, cette question, le gouvernement n'a pas le droit de la trancher par ordonnance, car tout contrat, pour être valable, doit avoir été librement consenti par les parties contractantes. Il est donc indispensable que les ouvriers et les chefs d'ateliers s'entendent et fixent d'un commun accord les heures et le prix de la journée. Qu'ils le sachent bien, l'organisation du travail règle les éléments de production, mais ne les engendre pas. Le crédit seul multiplie le travail humain, et l'état en est le régulateur, parce qu'il est l'expression de l'ordre public. A ce titre, toutes les questions particulières se trouvent entièrement absorbées par la constitution générale des travailleurs décrétée au nom de la République.

Cette régénération pacifique et constituante sera, sans contredit, l'œuvre capitale du dix-neuvième siècle. Assez longtemps l'individualisme, considéré au point de vue général, qui fut vaincu et comprimé jusqu'au dix-huitième siècle parce qu'il n'exprimait que l'égoïsme insolent, l'oppression de la masse des citoyens au profit du petit nombre, a triomphé par la division : sa mission est finie. L'esprit humain ne lui a donné une adhésion momentanée que pour en extraire tout ce qui était utile au progrès. Mais le progrès humain ne peut plus s'effectuer que par la liberté, l'égalité et la fraternité, c'est-à-dire par l'unité, par le sacrifice du petit nombre à la majorité des hommes et des partis au corps universel. *Ce ne fut que par la corruption*, dit Montesquieu, *que les artisans parvinrent à être citoyens dans les républiques anciennes* (1) ; ils le deviendront, au contraire, par la vertu dans notre République nouvelle.

Arrêtons-nous ; toutes nos paroles ne sont que l'expression très-affaiblie d'un besoin universel de dévouement, d'émancipation et d'ascension vers un état meilleur qui forme, en quelque sorte, le caractère distinctif de notre époque. Le dix-neuvième siècle divorce entièrement avec le dix-huitième. Or, un siècle ne finit pas

---

(1) *Esprit des Lois*, tom. Ier, chap. VIII, pag. 61.

avec la précision mathématique de la chronologie : être collectif, il meurt individuellement avec les générations qui vécurent de lui. Vous savez donc ce que deviennent ces quelques hommes du passé qui empiétent encore sur l'avenir ; ils tombent un à un, et le dix-neuvième siècle n'aura sa pleine liberté d'action que lorsqu'ils ne remueront plus.

En attendant, les hommes jeunes étudient l'histoire des transformations humaines. *Le temps*, a dit Bacon, *est le plus grand des novateurs*. Oserons-nous ajouter, après lui, que si le temps produit tant d'innovations, c'est parce qu'il manifeste un Dieu immuable dans son éternité.

Si nos pères furent impuissants à constituer, eux qui pouvaient presque tout avec l'audace de leur pensée et la splendeur de leur patriotisme, c'est que dans les états fondés sur l'individualisme, l'homme en particulier succombe, les sociétés seules triomphent ; tandis que dans les états fondés sur l'association universelle, les groupes humains peuvent succomber momentanément, parce qu'ils ont pour eux le temps, et l'homme en particulier triompher, parce qu'il ne vit qu'un instant de la durée.

Quoi qu'il en soit, l'époque actuelle entre enfin dans ses fonctions régénératrices. La civilisation, établie sur une large échelle de généralisations, sera fécondée par une circulation continuelle de sentiments et d'idées généreuses qui passeront tour à de la société dans l'individu, et de l'individu dans la société. Si l'antagonisme de l'homme et de l'humanité ne cesse pas dès ce moment, c'est qu'il est aussi nécessaire à l'esprit humain qu'au développement matériel des peuples. Cependant la vie générale ne sera qu'une affirmation sociale dont Paris conservera la direction suprême. C'est ainsi que les nations qui ont fait fausse route dans le champ de la civilisation, rentrent peu à peu, comme les fleuves après leur débordement, dans le lit providentiel que les siècles leur ont creusé.

TABLE DES MATIÈRES.

www.ingramcontent.com/pod-product-compliance
Lightning Source LLC
Chambersburg PA
CBHW061343050726
47595CB00005B/2058